roro
roro
roro

In diesem humorvollen Ratgeber stellt Claudia Hochbrunn die neun gängigsten Arschlöcher vor – vom Querulanten über den unberechenbaren Gefühlschaoten und die Diva bis hin zum Riesenarschloch –, erklärt deren frühkindliche Entwicklung aus tiefenpsychologischer Sicht sowie ihre Stärken und Schwächen im Umgang mit anderen. Und sie fordert den Leser mit einem Augenzwinkern auf, sich auch mit den eigenen Schrullen auseinanderzusetzen. So kann man im Selbsttest herausfinden, welche Art Arschloch in einem selbst steckt und mit wem man am besten harmoniert bzw. wen man meiden sollte.

Claudia Hochbrunn ist Fachärztin für Psychiatrie und Psychotherapie. Sie arbeitete viele Jahre lang in verschiedenen psychiatrischen Kliniken, beim Sozialpsychiatrischen Dienst sowie im forensischen Maßregelvollzug mit Schwerverbrechern. Zum Schutz ihrer Patienten verfasst sie ihre Bücher unter Pseudonym.

Claudia Hochbrunn

Ein
ARSCHLOCH
kommt selten
allein

So werden Sie mit schwierigen Zeitgenossen fertig

Rowohlt Taschenbuch Verlag

3. Auflage April 2017

Originalausgabe
Veröffentlicht im Rowohlt Taschenbuch Verlag,
Reinbek bei Hamburg, März 2017
Copyright © 2017 by Rowohlt Verlag GmbH,
Reinbek bei Hamburg
Umschlaggestaltung ZERO Werbeagentur, München
Umschlagabbildung FinePic®, München
Innengestaltung Luisa Dehn
Satz Sonsbeek PostScript (InDesign) bei
Pinkuin Satz und Datentechnik, Berlin
Druck und Bindung CPI books GmbH, Leck, Germany
ISBN 978 3 499 63212 9

Inhalt

Willkommen in der Welt der Arschlochkunde

Haben Sie sich auch schon des Öfteren gefragt, warum die Welt voller Arschlöcher steckt? Warum man ständig über Leute stolpert, die einem durch ihr Verhalten das Leben schwer machen? Sei es der Kollege im Büro, der einem den Hauptbatzen an Arbeit zuschiebt, aber selbst die Lorbeeren einheimst. Oder beim Einkaufen, wenn sich mal wieder jemand vordrängelt und einem die letzte Schachtel mit Waschmittel aus dem Sonderangebot wegschnappt. Oder schlimmer noch, die Schokolade! Und bestimmt kennen Sie auch die penetranten Mittelspurfahrer auf der Autobahn, die sich meistens als halbblinde Rentner entpuppen, das Gesicht so dicht vor dem Armaturenbrett, dass man denkt, sie würden gleich ins Lenkrad beißen, oder aber die Arschlöcher, die daraufhin verbotenerweise rechts überholen, weil sie links nicht an dem halbblinden Rentner vorbeikommen.

Natürlich trifft man Arschlöcher auch in der Bahn, wo sie penetrant darauf beharren, auf ausgerechnet dem Platz sitzen zu bleiben, der eigentlich für Sie reserviert ist. Oder sie legen ihre Füße auf den Sitz gegenüber, aber selbst wenn sie ihre Schuhe ausgezogen haben, wer möchte denn schon ständig die löchrigen, übelriechenden Socken von Menschen sehen, die zu arm sind, sich ein Schlafwagenabteil zu leisten? Oder gehören Sie etwa zu denen, die gern mal die Füße hochlegen und dann ständig von blöden Arschlöchern angemacht werden, die Ihnen sagen, sie wollen nicht ständig die löchrigen, übelriechenden Socken von Menschen sehen, die zu arm sind, sich ein Schlafwagenabteil zu leisten? Und dabei tragen Sie saubere, ganz neue Markensocken?

Vielleicht haben Sie ja auch schon mal einen der vielen Ratgeber gelesen, die uns dabei helfen sollen, mit solchen Typen besser umzugehen, aber wie es scheint, hat es nicht viel genützt, denn sonst hätten Sie dieses Buch ja nicht in die Hand genommen, oder?

Sie haben also die Nase voll davon, ständig von Arschlöchern dominiert zu werden, und möchten etwas Grundlegendes ändern? Dann sind Sie hier richtig. Aber um etwas zu verändern, müssen wir erst einmal definieren, was ein Arschloch eigentlich ist.

Es sind fast immer die kleinen Nickeligkeiten des Alltags, die hohe Wellen schlagen. Und manchmal sind wir sogar selbst das Arschloch, ohne dass wir es merken. Wenn wir ein unbewusstes Verhalten an den Tag legen, das im Gegenüber das Schlechteste überhaupt zutage fördert, wird er auch uns gegenüber zum Arschloch werden. Andersrum ist es möglich, rechtzeitig entgegenzusteuern, wenn wir um unsere Schwächen wissen und unser eigenes Verhalten entsprechend modifizieren. Wir können nur uns selbst ändern, aber dadurch, dass wir selbst anders auftreten, zwingen wir unsere Umwelt dazu, auf unser verändertes Verhalten anders zu reagieren als bisher. In der letzten Vollendung lernt man das in einer Psychotherapie, aber auch für den Alltagsgebrauch kann es sinnvoll sein, mehr über die Charakterzüge zu erfahren, die jeder Mensch mit sich herumträgt. Charakterzüge, die in ihrer Reinform die Qualität zum Mega-Arschloch in sich tragen, aber in der gesunden Mischung einen freundlichen, durchsetzungsfähigen und respektablen Menschen formen können. Denn jeder Charaktertypus hat genauso Vorteile wie Nachteile, und eine gute Mischung gleicht die Nachteile aus.

Dieses Buch möchte Sie auf eine amüsante Reise mitnehmen, auf der Sie sich selbst und Ihre Mitmenschen besser kennenlernen können.

Und nun viel Spaß – und vergessen Sie nie: Das Arschloch liegt im Auge des Betrachters.

Jetzt geht es ans Eingemachte – warum wir wurden, wie wir sind

Wenn man wissen will, warum jemand zum Arschloch wurde, und zwar zu diesem ganz besonderen Arschloch mit dieser speziellen Art, seinen Mitmenschen auf die Nerven zu fallen, muss man weit in dessen Vergangenheit zurückkreisen. Unsere Charakterbildung beginnt nämlich gleich nach der Geburt. Sind Sie ein Frühchen gewesen, das die ersten Wochen ganz allein im Brutkasten verbringen musste, oder sind Sie das Produkt einer natürlichen Wellnessgeburt und wurden unter dem gemeinsamen rhythmischen Pressatmen von Mutter und Vater auf die Welt geholt, begleitet von schamanischen Willkommensgesängen? All dies hat bereits die ersten Weichen für Ihre spätere Entwicklung gestellt – wobei die Frage offen bleibt, wer wohl den besseren Start ins Leben hatte.

Egal, wie Eltern ihr Kind erziehen – irgendwelche Fehler werden sie immer machen. Das ist auch nicht schlimm, solange das Kind sich sicher fühlt und seinen Eltern vertraut.

Die meisten Charakterstrukturen entwickeln sich bereits in einer Zeit, die unserer Erinnerung nicht mehr zugänglich ist – nämlich vor Vollendung des 3. Lebensjahres. Die Tatsache, dass dies mittlerweile zum Allgemeinwissen unter fürsorglichen Eltern geworden ist, die alles richtig machen wollen und deshalb bereits sieben Monate vor der Geburt sämtliche Ratgeber zu dem Thema auswendig lernen, ist allerdings nicht immer von Vorteil. Manchmal bewirkt dieses Wissen nämlich genau das Gegenteil. Aus dem Wunsch heraus, das perfekte Kind nicht nur zu zeugen (natürlich nur, nachdem beide Partner vor der geplanten Zeugung mindestens vier Wochen lang gesund gelebt haben, um den Spermien und der Scheidenflora die bestmögliche Qualität für das Wunschkind zu ermöglichen), sondern es auch perfekt auf die Welt zu holen (Geburtshäuser in Feng-Shui-Optik, eine Hausgeburt unter rhythmischem Rasseln, spezielle spirituelle Atmungsformen aus exotischen Ländern etc. sind dabei sehr beliebt), übertreiben es manche Eltern etwas. Wenn sie in dieser Art nach der Geburt weiter übertreiben, wird das Kind spätestens, wenn es in der Schule der absolute Außenseiter ist, wissen, dass seine Eltern Arschlöcher sind, weil sie ihm verbieten, im Matsch zu spielen, Cola zu trinken oder Schokolade zu essen. Aber möglicherweise ist es dann schon zu spät, und das Kind identifiziert sich bereits mit seinen Eltern und ist ebenfalls ein Arschloch geworden. Um welche Art von Arschloch es sich handelt, hängt von weiteren Faktoren ab, die wir im Folgenden betrachten werden.

In letzter Zeit häufen sich in Studien allerdings die Hinweise darauf, dass neben der Kindheit und Umwelt auch genetische Faktoren eine Rolle spielen und manche Menschen – egal, unter welchen Bedingungen sie aufgewachsen sind – eine bestimmte präferierte Charakterausprägung haben. Und natürlich haben die Charakterzüge der Eltern Einfluss auf die Entwicklung des Kindes – sowohl durch die Gene als auch den Erziehungsstil.

Wichtig ist jedoch, dass ein Individuum aus verschiedenen Charaktertypen besteht – und je vielfältiger ein Mensch ist, umso mehr hat er die Chance, schwierige Merkmale positiv zu nutzen.

Kommen wir jetzt zu den verschiedenen Arschlochtypen und betrachten wir, warum diese Menschen so wurden, wie sie sind.

Der Querulant

(der Wissenschaft auch als paranoid-querulatorischer Persönlichkeitstyp bekannt)

Der Querulant zeichnet sich vor allem dadurch aus, dass er dazu neigt, neutrale oder freundliche Handlungen als böswillig oder gegen sich gerichtet wahrzunehmen. Er ist ein ziemlich unangenehmer Zeitgenosse, der jedem Menschen unterstellt, ihm Übles zu wollen. Wenn Sie einen Querulanten als Vermieter haben, können Sie davon ausgehen, dass er regelmäßig unangekündigte Hausbesuche macht, um sicherzustellen, dass Sie seine kostbare Immobilie nicht beschädigen. Das gilt sogar dann, wenn Sie eine Bruchbude von ihm gemietet haben, die Sie auf eigene Kosten teuer renoviert haben. Der Querulant macht sich das Leben stets schwer, weil er nicht glauben mag, dass es tatsächlich freundliche Menschen gibt. Wenn Sie einer Querulantin fortgeschrittenen Alters begegnen und sehen, dass sie sich mit ihren schweren Einkaufstüten abmüht, und ihr deshalb anbieten, ihr beim Tragen zu helfen, wundern Sie sich nicht, wenn Sie wüst beschimpft werden oder die alte Dame gleich nach der Polizei ruft. Sie ist sich nämlich vollkommen sicher, dass dies nur ein Trick ist. Garantiert werden Sie, sobald Sie Ihnen ihre kostbaren Äpfel, die Butter und das Toilettenpapier anvertraut, damit über alle Berge verschwinden. Die Trickdiebe und Betrüger werden heutzutage immer dreister, und der Querulant weiß das ganz genau. Also vertreibt er lieber alle aus seinem Umfeld, die ihm irgendwie schaden könnten. Und da ihm im Grunde jeder Mensch schaden kann, ist der Querulant meist sehr einsam. Aber das ist immer noch besser, als stets auf der Hut sein zu müssen. Und zur Gesellschaft reichen ja auch Tiere, am besten große Hunde mit scharfen Zähnen, die den Querulanten vor den Verbrechern schützen, die überall herumlaufen und nur darauf lauern, ihn zu berauben.

Sollte der Querulant es tatsächlich geschafft haben, einen Ehepartner zu finden, wird er oder sie sich in meist grundloser Eifersucht ergehen. Ehepartner von Querulanten haben meist nichts zu lachen – ganz gleich, ob der Querulant nun männlich oder weiblich ist. Wer eine derartige Ehe beobachtet, wundert sich, warum nicht viel mehr Querulantenpartner bei Nacht und Nebel zum Zigarettenholen aufbrechen, selbst wenn sie Nichtraucher sind, und dann den ersten Flug nach New York nehmen.

Warum wird jemand zum Querulanten?

Warum muss jemand die ganze Welt für schlecht und bösartig halten? (Mal abgesehen davon, dass man leicht davon überzeugt werden könnte, wenn man sich die Nachrichten ansieht –

und da der Querulant einsam ist, bezieht er seine Kenntnis von der Welt überwiegend aus dem Fernsehen oder Internet.)

Aus psychoanalytischer Sicht wird angenommen, dass die Betroffenen in ihrer Kindheit regelmäßig Zurückweisung und Liebesmangel erlebt haben. Gleichzeitig hatten sie besonders fordernde Eltern, die von ihnen mehr verlangten, als sie selbst zu geben bereit waren. Das Kind wurde zum Objekt, das die Bedürfnisse der Eltern erfüllen sollte.

Wenn wir uns jetzt an die oben beschriebenen perfekten Eltern erinnern, die wirklich alles taten, um ihr Kind «perfekt» zu machen, birgt dieser Wunsch auch die Gefahr, einen Querulanten heranzuziehen. Und zwar immer dann, wenn es nicht um das Kind selbst geht, sondern um das, was es für seine Eltern bedeutet. Wird es geliebt, oder ist es bloß ein Statussymbol, mit dem man vor den Nachbarn angeben kann? Wenn das der Fall ist, erfüllen diese Kinder den gleichen Zweck, den Meerschweinchen im Kinderzimmer haben – nicht artgerecht gehaltene Kuscheltiere, die immer zum Schmusen bereit sein sollen, aber auf deren eigentliche Bedürfnisse keine Rücksicht genommen wird. So hat sich das Baby genau wie das Meerschweinchen von allen knuddeln zu lassen, auch wenn es schlafen will, und sogar Tante Adelheid darf es immer und immer wieder herzen und abschlecken, da sie zwar eine Meerschweinchen-, aber leider keine Babyallergie hat.

Später, wenn das Kind größer geworden ist, wird es gern wie eine hübsche Puppe angezogen, damit die Eltern ihre Freude haben. Besonders beliebt sind T-Shirts mit Sprüchen wie «Der Teufel trägt Windeln» oder «Ich kleckere nicht, ich dekoriere», wobei diese T-Shirts immer noch besser sind als die eleganten Kleidchen und Hemdchen, die zwar ordentlich was her machen, aber um Himmels willen nicht schmutzig gemacht werden dürfen, weil sie nur per Hand gewaschen werden können oder gar in die Reinigung müssen.

Drollige Familienausflüge werden ausschließlich deshalb unternommen, weil Mutti und Vati Lust dazu haben und sich gleichzeitig in der Rolle als gute Eltern sonnen. Wenn das Kind lieber mit seinen Freunden draußen spielen will, aber Mutti und Vati meinen, jetzt müsse man doch mit dem Auto spazieren fahren und dann in irgendeinem Waldcafé ein Eis essen, anstatt im Wald herumzutoben, baut sich Frust auf. Das Kind bekommt nach außen hin zwar viel Zuwendung, aber es geht dabei nicht um die Befriedigung seiner Wünsche, sondern um die Bedürfnisbefriedigung der Eltern. Und wenn das Kind dann wütend wird, wird es von seinen Eltern gleich als undankbar und schwierig gebrandmarkt, weil man doch alles für dieses Kind tut (und es bekommt das T-Shirt mit dem Spruch «Ja, das muss so laut sein», damit sich auch alle anderen amüsieren können, wenn das Kind versucht, seinen berechtigten Unmut zu äußern). Schließlich darf es sogar in einem gepflegten Waldcafé ein teures Eis essen, während die Nachbarkinder auf der schlammigen Pferdewiese im Matsch spielen müssen, weil deren asoziale Eltern sich ja nicht so gut um den Nachwuchs kümmern.

Wenn so etwas ab und zu mal passiert, ist das ganz normal, und es muss jetzt auch keiner ein schlechtes Gewissen haben, wenn er seinen Kindern T-Shirts mit lächerlichen Sprüchen anzieht, solange sie nicht als Disziplinierungsmaßnahme gedacht sind. Ich schätze, jeder kann sich an Ereignisse in seiner Kindheit erinnern, bei denen die eigenen Bedürfnisse hintangestellt wurden und man nur die Bedürfnisse der Eltern zu erfüllen hatte.

Je häufiger so etwas jedoch vorkommt, umso größer wird die aufgestaute Wut. Langsam, aber sicher entwickelt sich eine unbewusste Feindseligkeit, weil das betroffene Kind niemals erfahren hat, dass seine eigenen Wünsche und Bedürfnisse erfüllt werden. Es war immer nur passiver Teilnehmer, obwohl nach außen so getan wurde, als gehe es nur um das Kind. Gleichzeitig wurden sämtliche Versuche des Kindes, dagegen aufzubegehren, mit der «Undankbarkeits-Keule» niedergeknüppelt. Und da diese Kinder nach außen hin ja tatsächlich scheinbar alles von ihren Eltern bekommen haben, fanden sie auch niemanden, der sich ihrer Sicht der Dinge annahm und sie in ihren Bedürfnissen bestätigte. Stattdessen hörten sie eher Sprüche wie: «Sei froh, dass deine Eltern so viel für dich tun und sich so gut um dich kümmern.» Oder sie wurden von den Nachbarskindern, die im Matsch spielten, beneidet und gleichzeitig ausgegrenzt.

Durch dieses ständige Verkennen ihrer Bedürfnisse projizieren die Betroffenen ihre Wut und Feindseligkeit schließlich auf alle anderen Menschen. Jetzt ist jeder, der mit einer scheinbar netten, freundlichen Handlung auf sie zukommt, erst mal mit Vorsicht zu genießen. Da gibt es doch bestimmt einen Hintergedanken. Irgendwo muss doch der Haken an der Sache sein, oder? *Warum sollte jemand von sich aus für mich etwas Gutes tun, wenn er nicht selbst den größeren Vorteil davon hat?* Denn genau das haben diese Menschen von frühester Kindheit an gelernt. Es geht nie um ihre Bedürfnisse, ganz gleich, wie nett jemand zu ihnen ist. Am Ende werden sie immer den Kürzeren ziehen, und alle anderen sind zufrieden, während sie selbst von Glück reden können, wenn sie ein bisschen Spaß haben.

Wenn diese Kinder erwachsen werden, sind sie oft schon so isoliert von ihrer Umwelt, dass sie auch in der Beziehungsgestaltung große Schwierigkeiten haben. Und wenn sie wirklich einen verständnisvollen Partner finden, kämpfen sie immer noch mit Eifersucht und der Angst, zu kurz zu kommen, weil diese Erfahrungen so tief in ihrer Seele verwurzelt sind. Nun, da sie erwachsen sind, können sie sich zwar besser wehren, aber sie haben nie gelernt, Kompromisse zu schließen. Es ging immer nur um Sieg oder Unterwerfung, und deshalb neigen sie dazu, ständig in Streitigkeiten zu geraten und sich ihr Recht notfalls auch auf juristischem Weg einzuklagen. Dabei passiert es oft, dass sich ihr Kindheitstrauma wiederholt und niemand versteht, warum sie so übertrieben auf eine harmlose Situation reagieren. Eigentlich war doch alles ganz freundlich gemeint und hätte mit ein paar netten Worten beigelegt werden können. Aber wer bereits in seiner Kindheit gelernt hat, dass nette Worte nichts nützen, weil man sowieso nie ernst genommen wird, der zieht daraus den Schluss, dass alle anderen Arschlöcher sind und man hart für seine Rechte kämpfen muss. Wer nicht kämpft, wird untergebuttert, reingelegt und betrogen. Die Freundlichkeit der anderen ist immer nur Mittel zum Zweck, denn wer sollte schon auf die Idee kommen, den Betroffenen um seiner selbst willen zu mögen? So beginnt ein Teufelskreis: Wer grundsätzlich mit dem Schlechtesten im Gegenüber rechnet, verhält sich selbst unangemessen und provoziert dadurch unbewusst genau das Verhalten, das er sowieso erwartet. In der Psychologie nennt man das dann Projektive Identifikation, während unsere Vorfahren dafür den Spruch «Wie man in den Wald hineinruft, so schallt es heraus» benutzten. Nur leider bemerken es die Betroffenen nicht, sondern fühlen sich in ihrer Annahme noch bestätigt.

Verstärkt wird diese Entwicklung in der Kindheit, wenn zusätzlich noch Misshandlungen hinzukommen. Wenn das Kind nicht fröhlich lacht, wenn es aus dem Spiel mit den anderen Kindern herausgezerrt wird, um mit Mutti und Vati spazieren zu gehen, sondern wenn es weint und tobt und dafür dann geschlagen wird, ist dies nicht gerade förderlich für die Entwicklung des Vertrauens in die Umwelt. Es werden nicht nur seine Bedürfnisse missachtet, sondern das Kind wird auch noch körperlich misshandelt, wenn es seine Bedürfnisse überhaupt zum Ausdruck bringt. Ein derartiges Verhalten potenziert im Erwachsenenalter das Misstrauen und auch die Wahl der Mittel im Umgang mit den Mitmenschen. Bei einer leichten Ausprägung schreibt der Querulant vielleicht Beschwerdebriefe oder reagiert sich in den sozialen Netzwerken ab. Bei einer mittleren Ausprägung neigt er zur gerichtlichen Klage, und bei der ganz schweren Ausprägung wären Selbstjustiz und radikaler politischer oder religiöser Extremismus möglich, je nachdem, womit der Betroffene seine eigene Hilflosigkeit und das Gefühl, mal wieder zu kurz gekommen zu sein, am besten bekämpfen kann.

Letztlich ist all dies Ausdruck einer tiefen Verunsicherung und Hilflosigkeit. Auch das gutmütigste Meerschweinchen fängt irgendwann an zu beißen, wenn es zu oft misshandelt wurde.

Wie geht man mit einem Querulanten um?

Viel ist schon damit gewonnen, wenn man sich klarmacht, dass er sich nur deshalb so oft wie ein Arschloch verhält, weil er alle anderen für noch größere Arschlöcher hält, gegen die er sich wehren muss. Der Querulant handelt aus seiner Sicht heraus in Notwehr. Er hat bislang kaum positive Erfahrungen mit seinen Mitmenschen gemacht – zunächst, weil seine Eltern ihm nicht das ausreichende Urvertrauen vermitteln konnten, und später, weil er sich durch sein eigenes Verhalten schnell selbst ins Abseits stellte. Wer andere ungerechtfertigt beschuldigt, wird schnell ausgegrenzt.

Im Umgang mit dem Querulanten gibt es verschiedene Möglichkeiten. Zum einen ist die Frage, wie ausgeprägt der Charakterzug ist. Bei einer leichten Ausprägung genügt es, mit dem Betroffenen ehrlich zu reden und Missverständnisse aufzuklären. Schmollen oder gar nicht mehr zu reden ist das reinste Gift im Umgang mit einem Querulanten. Genauso schädlich ist es, seine Meinungen und Einstellungen von vornherein zu negieren und lächerlich zu machen. Das wird ihn nur darin bestärken, weiterhin an seiner Meinung festzuhalten, denn nun wird er ja darin bestätigt, dass er bekämpft wird – etwas anderes hat er ohnehin nicht erwartet.

Am besten ist es, wenn man dem Querulanten zeigt, dass er einem wichtig ist. Also wenn man ihn in Beziehungen nach Vorschlägen fragt, was er sich wünscht, und dann so weit wie möglich darauf eingeht. Allerdings sollte man sich dem Querulanten nicht komplett unterordnen, denn dann lernt er nichts, sondern glaubt nur, dass er jetzt in der Rolle seiner eigenen

Eltern ist und die Macht hat. Aber er soll ja lernen, Kompromisse zu schließen. Das funktioniert am besten, indem man dem Querulanten zunächst die eigene Bereitschaft zur Kompromissbildung zeigt. Etwa wenn es um den gemeinsamen Urlaub geht – der Querulant will in die Berge, sein Partner ans Meer, um baden zu gehen. Der geeignete Kompromiss könnte dann im ersten Schritt ein Urlaub an einem See im Gebirge sein. Der Querulant kann kraxeln, der Partner baden. Im nächsten Jahr könnte der Kompromiss dann in einem Urlaub am Meer mit einer felsigen Steilküste bestehen.

Wichtig ist, dem Querulanten einfach nur zu zeigen, dass er einem wichtig ist – er muss sein Vertrauen in die Menschheit zurückgewinnen.

Aber natürlich hat jede Medaille zwei Seiten – und so leidet der Querulant nicht nur, sein Charakter hat durchaus auch Vorteile. So wird der Querulant aufgrund seines angeborenen Misstrauens niemals Opfer von Betrügern. Wer den Querulanten reinlegen will, hat die Arschkarte gezogen, denn kein Arschlochtyp ist so auf Zack wie der Querulant. Und da er noch dazu nachtragend ist, wird er es nicht damit bewenden lassen, den Betrugsversuch abzuwehren – nein, er wird alles daransetzen, dass der Täter aus dem Verkehr gezogen wird und seine Strafe erhält. Das Gerechtigkeitsempfinden der meisten Querulanten ist sehr stark ausgeprägt, Straftäter müssen bestraft werden. Zwar verwechseln sie dabei auch regelmäßig harmlose Leute mit Straftätern, aber solange sie nicht als Diktator an der Macht sind und eigene Gulags unterhalten, sollte man das nicht so tragisch nehmen.

Ein massives Misstrauen und Angst vor Verrat sind auch

eine gute Voraussetzung, um Karriere zu machen. Wer niemandem vertraut, kann auch nicht von missgünstigen Kollegen denunziert und aufs Abstellgleis gestellt werden. Der Einzige, der dem Querulanten wirklich gefährlich werden kann, ist sein eigener Charakter. Wenn er sich zu sehr auf den Falschen einschießt und ihn unbedingt hinter Gitter bringen will. In der Literatur finden wir den Querulanten dann als unerbittlichen Polizisten oder Richter, der den unschuldigen Helden jagt. Manchmal zerbricht der Querulant dann auch an seinen inneren Widersprüchen wie Inspektor Javert in Victor Hugos Roman *Les Misérables*.

Der Eigenbrötler

(der Wissenschaft auch als schizoider Persönlichkeitstyp bekannt)

Der Eigenbrötler zeichnet sich dadurch aus, dass er seine Gefühle nicht in dem Maße wahrnimmt wie andere Menschen. Wenn ihn jemand zur Begrüßung umarmen, herzen oder küssen möchte, ist der Eigenbrötler irritiert und schreckt erst mal zurück. Wenn er sich aussuchen könnte, ob er lieber in Frankreich oder in Deutschland leben wollte, würde er sicher die deutsche Mentalität vorziehen, anstatt andauernd zur Begrüßung abgeknutscht zu werden. Er kann auch nicht lautstark jubeln und johlen, weshalb man ihn eher selten in Fußballstadien oder beim Public Viewing findet, denn wer möchte schon zwischen lauter kreischenden, johlenden, hopsenden Idioten stehen, nur weil sich zweiundzwanzig hochbezahlte Erwachsene um einen Ball streiten, obwohl sich jeder von denen einen eigenen Ball leisten könnte? Dem Eigenbrötler fehlt der Sinn für dieses Gemeinschaftserlebnis, er kann in der Freude darüber nicht mitgehen und fühlt sich dann eher wie ein Forschungsreisender, der seltsame Eingeborenenstämme und ihre absurden Rituale beobachtet.

Andererseits wünscht sich der Eigenbrötler nichts sehnlicher, als dazuzugehören und mit der Masse zu verschmelzen. Er würde auch mal so gern jubeln, wenn dieser komische Ball zwischen die Teppichklopfstangen mit dem Fischernetz rollt, aber irgendwie weiß er nicht, warum er deshalb jubeln sollte. Und das ist das große Dilemma des Eigenbrötlers – einerseits hat er Angst vor der Nähe, weil ihm Jubeln und Abknutschen zu nahe gehen (und insbesondere das Abknutschen ja auch reichlich eklig sein kann, wenn man vom Falschen abgeknutscht wird) – andererseits möchte er so gern dazugehören und verstehen, warum andere Menschen Spaß daran haben. Doch seine mangelnde Fähigkeit, Gefühle in all ihren Facetten auszuleben, lässt ihn außen vor – er kann im wahrsten Sinne des Wortes nicht mitfühlen, er steht wie ein irritierter Intellektueller vor dieser Masse und flüchtet sich in die Welt der Phantasie, denn dort kann er all das ungefährdet ausleben.

Ein klassisches Beispiel für einen Eigenbrötler ist Karl Mays Romanfigur Old Shatterhand (wobei die Tatsache, dass Karl May sich selbst als Old Shatterhand phantasierte, dafür spricht, dass May selbst eine Menge eigenbrötlerischer Züge hatte).

Sehen wir uns Old Shatterhand einmal genauer an und betrachten wir ihn so, als wäre er ein real existierender Mensch gewesen.

Als junger Mann reist er in die USA, um dort als Landvermesser zu arbeiten. Er sondert sich von seinen Kameraden ab, da er selbst etwas Besonderes ist – er kann alles viel besser, obwohl er eigentlich ein «Greenhorn» ist. Da die Geschichte in Ich-Form erzählt wird, können wir davon ausgehen, dass Old Shatterhand eine verzerrte Eigenwahrnehmung hat. Er ist den Eindringlingen – den weißen Landvermessern – in jeder Hinsicht überlegen und wird eins mit der Natur wie ein Einheimischer. Als er dann auf die echten Einheimischen trifft, einen gewissen Winnetou und dessen Vater, kommt es zum Konflikt. Old Shatterhand, der eigentlich gern mit den Einheimischen verschmelzen will, wird zunächst als Bedrohung erlebt (was nicht wundert, wenn man bedenkt, dass seine Kumpane Winnetous Lehrer erschießen und das Land der Apatschen stehlen wollen). Aber nach einigen mehr oder minder heftigen Konflikten, schweren Verwundungen und Kämpfen auf Leben und Tod sind die Probleme endlich gelöst, und es kann zur Verschmelzung in Form von Blutsbrüderschaft mit Winnetou kommen. Nun wird deutlich, dass auch Winnetou eigenbrötlerische Charakterzüge hat. Er zeigt keine Gefühle, lacht nie, ist zwar Häuptling der Apatschen, aber anstatt sich um sein Volk zu kümmern, reist er allein oder mit Old Shatterhand durch den amerikanischen Kontinent (und später sogar bis nach Dresden und von dort aus nach Arabien), wo nun beide zusammen einerseits als geachtete Helden von den anderen Indianerstämmen (oder wahlweise auch den Beduinen) ver-

ehrt werden, aber gleichzeitig doch nie so wirklich dazugehören. Die Verschmelzung findet in der Gedankengleichheit der
beiden Blutsbrüder statt.

Wir haben hier also ein klassisches Paar des eigenbrötlerischen Typus. Wenn wir uns die Biographie von Winnetou ansehen, wird auch deutlich, warum er selbst diesen Charakterzug
entwickelte. Winnetou ist der Sohn eines alleinerziehenden
Indianerhäuptlings. Die Mutter starb früh, und der Vater Intschu-tschuna hatte als vollberufstätiger Indianerhäuptling
nicht genügend Zeit, sich um die Bedürfnisse seiner beiden
Kinder Winnetou und Nscho-tschi zu kümmern, weshalb er
einen ausländischen Lehrer namens Klekih-petra einstellte. Es
war sicher gut gemeint von Intschu-tschuna, einen Deutschen
zur Erziehung seiner Kinder einzustellen, aber leider bedachte
er die kulturellen Unterschiede nicht, und so sonderten sich
seine Kinder weiter von den übrigen Indianerkindern ab. Da
Intschu-tschuna der Quellenlage zufolge auch nicht wieder
heiratete, hatten seine beiden Kinder zudem keine Möglichkeit, eine normale Paarbeziehung der Eltern zu beobachten.
Sie verliebten sich deshalb beide in denselben Mann – eben in
Old Shatterhand –, der praktischerweise auch noch ein Deut-
scher war, genau wie der Hauslehrer. Während dies für Nscho-
tschi fatale Konsequenzen hatte, blieben sich Winnetou und
Old Shatterhand bis zu Winnetous Tod treu und konnten in
der gemeinsamen platonischen Beziehung verschmelzen. Da
sie immer ruhelos umherzogen, um gegen das Böse zu kämpfen, fanden sie eine Möglichkeit, positiv mit ihrer eigenbrötlerischen Veranlagung umzugehen.

Ob die Mescalero-Apatschen es jedoch so toll fanden, dass

ihr Häuptling ständig unterwegs war, anstatt seinen Job zu machen, steht auf einem anderen Blatt. Möglicherweise hielten viele von ihnen Old Shatterhand hinter vorgehaltener Hand auch für ein Arschloch, weil er Häuptling Winnetou ständig von seiner Arbeit abhielt und zu ausgedehnten Reisen verleitete.

Nun können Sie einwenden, dass Winnetou und Old Shatterhand fiktive Figuren sind, der Phantasie eines vorbestraften Schriftstellers entsprungen, der viele Jahre seines Lebens wegen Betrugs im Gefängnis verbrachte. Interessanterweise sind aber gerade eigenbrötlerische Charaktere sehr kreativ und phantasievoll, und Autoren neigen dazu, das abzubilden, was sie kennen, sei es bewusst oder unbewusst. Und hier hat sich ein eigenbrötlerischer Charakter wie Karl May mit Winnetou seinen idealen Gegenpart in der Welt der Phantasie geschaffen und unbewusst sogar die richtige Entwicklungsgeschichte für diesen Charakter dargelegt.

Warum wird jemand zum Eigenbrötler?

Es beginnt wieder einmal in der frühesten Kindheit. Menschen, die einen eigenbrötlerischen Charakter entwickeln, sind besonders sensibel und leiden gleichzeitig in ihrer frühesten Kindheit unter chaotischen sozialen Situationen, emotionaler Vernachlässigung oder auch brüsker elterlicher Zuwendung. In vielen Fällen weist ein Elternteil selbst psychische Störungen auf, sodass er sein Kind bzw. seine Wünsche und Bedürfnisse nicht ausreichend verstehen kann. Dadurch fehlt dem Kind die Möglichkeit, erste Kontakte mit der Umwelt aufzunehmen, da diese Versuche von den Eltern entweder gar nicht oder falsch beantwortet werden. Diesen Kindern fehlt der Schutz durch die Eltern, sich bei der Kontaktgestaltung sicher zu fühlen. Da die Eltern selbst meist ebenfalls Probleme mit der Kontaktgestaltung haben, ist es den Kindern auch nicht möglich, am Modell das korrekte Beziehungsverhalten zu erlernen, und tief in ihnen bleibt die Angst vor einer negativen Antwort auf ihre emotionalen Reaktionen bestehen.

Betrachten wir Karl May, dann erfahren wir, dass er in einem kinderreichen Haushalt aufwuchs und bis zum fünften Lebensjahr blind war. Durch die Blindheit fehlte ihm ein wichtiger Sinn, um Emotionen in ihrer ganzen Breite zu erfahren. Zudem war die Mutter durch ihre Kinderschar und die Berufstätigkeit, die sie nebenher ausübte, nicht in der Lage, jedem einzelnen Kind ausreichend Aufmerksamkeit zu widmen. Der junge Karl May wurde zum Ausgleich von seiner Großmutter versorgt, was ihm immerhin eine genügend sichere Bindung verschaffte, sodass er lernte, seine emotionalen Defizite durch Kreativität auszugleichen – zunächst als Trickbetrüger, später als einer der weltweit erfolgreichsten Romanschriftsteller. Aber trotzdem blieb immer der Wunsch nach Unabhängigkeit und dem gleichzeitigen Verschmelzen mit anderen vorhanden, was sich durch all seine Werke verfolgen lässt.

Wie geht man mit einem Eigenbrötler um?

Der Eigenbrötler nimmt unter den Arschlochtypen eine Sonderstellung ein, da der Umgang mit ihm relativ einfach ist. Wenn er einem auf die Nerven geht, kann man ihm problemlos aus dem Weg gehen. Es macht dem Eigenbrötler auch nichts aus, wenn man fünf Jahre lang nichts von sich hören lässt. Wenn man ihn dann anruft, muss man sich nicht lange entschuldigen, sondern kann in der Regel genau da weitermachen, wo man vor fünf Jahren aufhörte. Eigenbrötler sind für Fernbeziehungen optimal. Problematisch wird es, wenn man mit ihnen zusammenlebt und erwartet, dass sie im gemeinsamen Haushalt Regeln einhalten. Dies fällt dem Eigenbrötler schwer, er will lieber seine Kreativität ausleben, anstatt seine Zeit mit lästiger Hausarbeit zu verbringen. Verantwortung zu tragen ist auch nicht so sehr seine Sache, denn das würde seine Freiheit ja eingrenzen. Und über Probleme diskutiert der Eigenbrötler auch nicht gern, da zieht er sich lieber in die Welt der Phantasie zurück und erfindet sich einfach sein soziales Umfeld, das er kontrollieren kann, während ihm die echte Welt Angst macht.

Aber natürlich hat es auch Vorteile, ein Eigenbrötler zu sein. Dadurch, dass der Eigenbrötler an der realen Welt verzweifelt, entwickelt er unheimlich viel Energie und Kreativität, um seine eigene Welt zu erschaffen. Fast alle großen Künstler waren mehr oder weniger Eigenbrötler, weil sie sonst weder die Zeit noch die Energie gefunden hätten, von morgens bis abends Kunst und Literatur zu schaffen, selbst wenn es ihnen zunächst nichts einbrachte – man denke nur an den Maler Vincent van Gogh, der zu Lebzeiten verkannt wurde und dessen Kunst erst nach seinem Tod weltberühmt wurde.

Das Riesenarschloch

(der Wissenschaft auch als dissozialer Persönlichkeitstyp bekannt)

Der König unter den Arschlöchern ist zweifelsfrei das Riesenarschloch. Selbst die Wissenschaft tituliert es als «dissozial», und sogar die normale Bevölkerung kennt diverse andere Bezeichnungen für das Riesenarschloch, beispielsweise «Asozialer», «Krimineller», «Verbrecher» oder «Prolet», wenn er aus der Unterschicht stammt. In seiner höchsten Vollendung wird er auch «Psychopath» genannt – nämlich dann, wenn er aus den sogenannten besseren Kreisen stammt oder sich zumindest dorthin hocharbeitet.

Das Riesenarschloch schert sich nicht um die Gefühle anderer, sie sind ihm wurscht, denn das Riesenarschloch denkt nur an sich und das eigene Vorankommen. Selbst scheinbar geschätzte Familienbande zu Ehepartnern und Kindern sind oft nur Mittel zum Zweck für den eigenen Vorteil. Eine große Sippe verleiht Macht, das wussten schon die Mafiapaten, unter denen sich garantiert auch eine Menge Riesenarschlöcher befanden, sonst hätten sie sich einen anderen Beruf gesucht. Kompromisse kennt das Riesenarschloch nicht, und Regeln und Gesetze sind in den Augen des Riesenarschlochs für Weicheier. Eigene Ansprüche werden mit Gewalt durchgesetzt, und wozu soll man arbeiten gehen, wenn man durch Raub, Diebstahl oder Erpressung viel schneller ans Ziel kommt?

Das Riesenarschloch ist unfähig, aus Fehlern zu lernen,

Bestrafungen prallen an ihm ab, und gerade aus dem Knast entlassen, plant es bereits den nächsten Coup.

Ein klassisches, wenngleich harmloses Beispiel für diesen Arschlochtyp bieten Walt Disneys allseits bekannte Panzer-knacker, die ständig damit beschäftigt sind, in Onkel Dago-berts Geldspeicher einzubrechen, und sogar noch im Gefäng-nis neue Pläne für die nächste Straftat schmieden. (Warum sie ständig auf Bewährung rausgelassen werden, lässt sich ver-mutlich nur damit erklären, dass der zuständige Richter auch ein Arschloch ist.)

Warum wird jemand ein Riesenarschloch?

Die Antwort liegt – Sie ahnen es bereits – mal wieder in der Kindheit. Allerdings geben neuere Forschungsergebnisse Hin-weise darauf, dass bestimmte genetische Konstellationen dissoziales Verhalten bei den betroffenen Menschen fördern. Manche sprechen sogar von einem «Psychopathen-Gen». Es scheint sich wohl in mancher Hinsicht als evolutionär vor-teilhaft erwiesen zu haben, ein Riesenarschloch zu sein. Dabei sollte man jedoch berücksichtigen, dass sich evolutionärer Erfolg nur durch die Fortpflanzungsrate bemisst, und Arschlö-cher, denen sonst alles egal ist, haben vermutlich wesentlich weniger Probleme damit, geschwängerte Frauen sitzenzulas-sen, um sich nach der nächsten umzusehen. Auf diese Art und Weise kann sich ein Riesenarschloch recht effizient vermeh-ren. Auch die so gern praktizierte Sitte, Frauen in Kriegen zu vergewaltigen, dürfte in der Vergangenheit die Riesenarschlochzahl nach oben getrieben haben, da ein Kind, das unter solchen Bedingungen gezeugt wurde, auch ohne genetische Vorbelastung ein gewaltiges Päckchen mit sich zu tragen hat.

Interessanterweise sind die meisten Riesenarschlöcher männlich. Zwar gibt es auch weibliche Riesenarschlöcher, aber die sind deutlich in der Minderheit, und wenn man sie findet, stammen sie eher aus den «besseren Familien» und haben das Zeug zur Psychopathin.

Ungeachtet genetischer Vorbelastungen, spielt die Kindheit natürlich die größte Rolle. Riesenarschlöcher stammen meist aus chaotischen Familienverhältnissen. Die Eltern haben überdurchschnittlich häufig Alkohol- oder Drogenprobleme, und Gefängnisaufenthalte von männlichen Familienmitgliedern gehören zum guten Ton. In einer echten Riesenarschlochfamilie schämt man sich auch nicht für Gefängnisaufenthalte, im Gegenteil, je länger man für eine Tat einsitzt, umso größer ist das Ansehen, denn dann muss man ja schon ein «ganz harter Kerl» sein. Ein sozial schwaches Milieu ist hervorragend dafür geeignet, neue Riesenarschlöcher großzuziehen. Großfamilien mit vielen Kindern in zu engen Wohnungen, wo statt liebevoller Erziehung das Recht des Stärkeren herrscht, sind für die Entwicklung eines Riesenarschlochs ebenso förderlich wie häusliche Gewalt oder emotionale Vernachlässigung. Das Riesenarschloch hat nie gelernt, auf die Bedürfnisse anderer zu achten, weil es als kleines Kind zu sehr damit beschäftigt war, seine eigenen Grundbedürfnisse erfüllt zu sehen, um überhaupt überleben zu können. Wenn die Geschwister einem sonst alles wegfressen und die betrunkenen Eltern nur mit den Schultern zucken und meinen: «Haste halt selbst Schuld, ne, musste eben schneller sein», und sich dann die nächste Zigarette anzünden oder das nächste Glas Schnaps trinken, bleibt einem Kind nicht viel anderes übrig, als selbst zu rabiaten Mitteln zu greifen. Wem nie Liebe und Mitgefühl vermittelt wurden, sondern nur Härte und Gewalt, der wird auch empfindungslos gegenüber den Bedürfnissen anderer.

Natürlich entwickeln sich Riesenarschlöcher nicht nur in der armen Unterschicht. Sie können ebenso gut in der gesellschaftlichen Oberschicht gedeihen, allerdings wachsen sie dort im Verborgenen heran.

Während der kriminelle Unterschichtvater säuft und ab und zu wegen Körperverletzung oder einem Einbruch im Knast landet und die Mutter sich irgendwelche gewalttätigen Liebhaber oder Freier (falls sie die Haushaltskasse etwas aufstocken muss) in die Bude holt (die dann womöglich Väter der kleineren Geschwister sind, was der im Knast sitzende Vater der älteren Kinder meistens nicht rafft, weil er sich ohnehin schon die Birne mit Wodka weggeknallt hat), entwickelt sich das Riesenarschloch in der Mittel- und Oberschicht von der Gesellschaft unbemerkt. Bei den Kindern der Unterschichtfamilie gibt es wenigstens noch das Jugendamt, das eingreifen könnte, doch wer würde schon bei «anständigen Leuten» nach dem Rechten sehen? Deshalb ist die Riesenarschlochentwicklung in den «besseren Familien» um einiges effizienter als bei armen Leuten. (Ja, Geld hilft sogar dabei, den Wettlauf um das größte Arschloch in der Familie zu gewinnen.) Wenn die Riesenarschlöcher aus der Unterschicht die Könige der Arschlöcher sind, sind die Oberschicht-Riesenarschlöcher ihre Kaiser.

Während sich die betroffenen Unterschichtfamilien für

ihre kriminell-asoziale Laufbahn nicht schämen und einen Gefängnisaufenthalt eher als Möglichkeit neuer Kontaktgestaltung mit Berufskollegen betrachten, sich also gleichsam als Riesenarschlöcher outen, geschieht dies in der Mittel- und Oberschicht hinter verschlossenen Türen, und kein Nachbar bekommt mit, welch grandiose Arschlochbrutstätte die Villa nebenan ist.

Gewalt und Chaos gibt es in den besten Familien, und Reichtum schützt nicht vor prügelnden Ehepartnern. Wenn der Ehemann in einer «besseren Familie» seine Frau und Kinder schlägt, wird das nach außen hin vertuscht. Die Ehefrauen flüchten so gut wie nie ins Frauenhaus, sondern harren lieber so lange wie möglich aus, da sie einen sozialen Status zu verlieren haben. Die Kinder hingegen lernen, dass ein solches Verhalten völlig normal ist, möglicherweise werden sie nach einer Gewaltattacke sogar mit teuren Geschenken bestochen. So lernen diese Kinder früh, dass Gewalt erlaubt ist und man tun und lassen kann, was man will, solange man sich das Schweigen der Opfer erkauft. Gleichzeitig wird die Furcht vor dem sozialen Abstieg geschürt, indem die Mutter den Kindern deutlich macht, dass sie genauso enden werden wie die Unterschicht-Riesenarschlöcher, wenn sie aufmucken. Sie sollten dankbar sein, dass der Vater einen so guten Job hat und so viel für seine Familie tut. Wenn er dann mal etwas «gestresst» von der Arbeit ist, muss man ihm das eben nachsehen. (Man fragt sich natürlich, warum diese Frauen nicht die Scheidung einreichen und eine anständige Abfindung kassieren – aber das Problem liegt darin, dass ihnen das Geld, das sie dann hätten, nicht ausreicht, und auf die Idee, selbst arbeiten zu gehen, kommen sie meist nicht, denn bei Aldi hinter der Kasse zu sitzen würde ja nicht zu einer Frau ihrer gesellschaftlichen Stellung passen.)

Noch dramatischer wird die Situation, wenn nicht der Ehemann, sondern die Ehefrau die Gewalttäterin ist. Da in unserer Gesellschaft bei häuslicher Gewalt das Bild des männlichen Täters klassisch ist, erntet ein Mann, der sich von seiner Frau fertigmachen oder gar verprügeln lässt, kein Mitgefühl, sondern nur Hohn und Spott. Zwar gibt es mittlerweile schon vereinzelt «Männerhäuser» in Deutschland, in die misshandelte Männer flüchten können, aber die meisten männlichen Opfer sind einfach zu stolz dazu und schämen sich zugleich, weil sie sich so viel gefallen lassen. Also vertuschen die misshandelten Männer, was ihnen angetan wurde, und die Kinder lernen auch in diesem Fall, dass Gewalt ein legitimes Mittel zum Zweck ist.

Da Eltern, die ihre Zeit damit verbringen, sich gegenseitig zu verprügeln, ihren Kindern keine ausreichende Sicherheit vermitteln können, müssen die Kinder für sich selbst nach Wegen suchen, mit dieser schwierigen Situation umzugehen. Während bei Kindern aus Unterschichtfamilien die Möglichkeit besteht, dass sie von Lehrern angesprochen werden oder das Jugendamt von den Nachbarn informiert wird, werden die Kinder aus «besseren Familien» dazu abgerichtet, nichts nach außen dringen zu lassen. Dabei bedienen sich beide Elternteile – sowohl der schlagende als auch der leidende Part – subtiler Mittel. Die Kinder selbst werden oft nicht geschlagen (auch wenn das und Schlimmeres selbstverständlich vorkommt und die Entwicklung zum Riesenarschloch weiter potenziert), aber die Eltern versuchen, die Kinder immer wieder auf ihre Seite zu ziehen und als Verbündete gegen den anderen Partner zu nutzen. Je jünger die Kinder sind, umso unerträglicher wird der Gewissenskonflikt. Und wenn sie dann auch noch bestochen werden, also lernen, dass man sich Liebe kaufen kann, sie aber auch nur so lange etwas gilt, wie man dafür bezahlt, haben sie nie die Möglichkeit, echte Wertschätzung zu erfahren, und fangen an, ihre Umwelt nur noch zur Bedürfnisbefriedigung zu nutzen. Sie lernen, Menschen gezielt gegeneinander auszuspielen und Intrigen zu spinnen. Was sie damit anrichten, ist ihnen vollkommen egal, denn Menschen sind für sie austauschbar. Man muss nur wissen, wie man sein Gegenüber manipuliert, damit es tut, was man selbst will. Und wenn das nicht mehr funktioniert, wird es eben ausgetauscht. In Ermangelung echter Herausforderungen, da alle ihre Gefühle oberflächlich bleiben, neigen Riesenarschlöcher dazu, gefährlichen Hobbys nachzugehen. Das kleinkriminelle Riesenarschloch klaut Autos und veranstaltet illegale Straßenrennen, das Riesenarschloch der Oberschicht fährt Wüstenrallyes und hält sich dabei an keine Regeln, und wenn das Riesenarschloch zufälligerweise Sohn eines reichen Ölscheichs oder afrikanischen Despoten ist, kann man aus lauter Langeweile schon mal einen kleinen Krieg mit den Nachbarn anfangen.

Gemäßigtere Riesenarschlöcher mit einem gewissen Intellekt suchen sich subtilere Gefahren und werden Börsenmakler oder Finanzminister und bringen ganze Wirtschaftssysteme zum Absturz. Hauptsache, einem ist nicht mehr so langweilig.

Wie geht man mit einem Riesenarschloch um?

Am besten, man geht ihm aus dem Weg. Man hat von einem Riesenarschloch außer Ärger nichts zu erwarten. Wenn man ein Unterschicht-Riesenarschloch trifft, sollte man abhauen, ehe es einem das Portemonnaie oder das Auto klaut.

Wenn man feststellt, dass der eigene Arbeitskollege ein Riesenarschloch ist, sollte man auf der Hut sein, ihm am besten stets freundlich und korrekt begegnen, aber sich vor weiteren Verstrickungen hüten, denn das besser situierte Riesenarschloch ist ein Meister der Intrige. Am besten ist es, wenn das Riesenarschloch denkt, es hätte Vorteile, nett zu Ihnen zu sein. Dann kann ein Riesenarschloch auch ein guter Verbündeter sein, wenn es darum geht, andere Riesenarschlöcher aus dem Weg zu schaffen. Allerdings nur so lange, bis der letzte gemeinsame Feind beseitigt ist. Spätestens dann muss man den Rückzug antreten oder genügend Beweise gesammelt haben, die dazu führen, dass dieses Riesenarschloch entlassen wird oder im Gefängnis landet. Oder – sollte es sich bei der Riesenarschloch-Union um verbündete Staaten in den Krisengebieten der Welt handeln – überlegen, wie man eine kleine Revolution anzettelt, um das Riesenarschloch abzusetzen. Man muss dabei nur aufpassen, dass danach kein noch größeres Riesenarschloch an die Macht kommt und alles von vorne losgeht.

Am besten meiden Sie also Riesenarschlöcher – ganz egal, wo Sie sie treffen. Außer, Sie sind Sozialarbeiter, Familienhelfer, Frauen- oder Männerhausbetreiber, Psychologe, Psychiater, Polizist, Steuerfahnder, Gerichtsgutachter, Jurist,

Gefängniswärter oder Bewährungshelfer – dann sichern Riesenarschlöcher Ihren Arbeitsplatz dauerhaft.

Selbstverständlich hat es auch Vorteile, ein Riesenarschloch zu sein. Wer wäre nicht manchmal gern skrupellos und möchte nur an sich denken, ohne Rücksicht auf Konsequenzen und die Gefühle anderer? Um sich in der Welt der Wirtschaft und der Politik durchzusetzen, sind genau das die Eigenschaften, die man bis zu einem gewissen Grad braucht. Ein gemäßigtes Riesenarschloch schafft es meist bis zum Minister, ein vollendetes Riesenarschloch gibt sich damit nicht zufrieden und baut lieber gleich eine Diktatur auf, nachdem es die Demokratie abgeschafft hat.

Der unberechenbare Gefühlschaot

(der Wissenschaft auch als emotional-instabiler Persönlichkeitstyp bekannt)

Den unberechenbaren Gefühlschaot finden wir oft in der direkten Verwandtschaft eines Riesenarschlochs. Riesenarschlöcher sind durch ihren schwierigen Charakter als Eltern geradezu dafür geschaffen, unberechenbare Gefühlschaoten großzuziehen.

Stellen wir uns einfach mal die sechzehnjährige Marina vor, die lieber die Schule schwänzt und sich mit dem fünfundzwanzigjährigen Lukas trifft, der schon sieben Jahre Knasterfahrung hinter sich hat. Marina hat in ihrer Kindheit selbst viel Schläge und wenig Zuneigung erfahren, und Lukas ist der Erste, der ihr sagt, dass er sie liebt. Eigentlich will er zwar nur mit ihr ins Bett gehen, aber Marina hat nie gelernt, dass es zwischen Liebe und Ins-Bett-Gehen einen Unterschied gibt. Kurz darauf wird Marina schwanger, weil sie sich nie um Verhütung gekümmert hat, und Lukas würde nie im Leben auf die Idee kommen, ein Kondom zu benutzen, denn das ist ja nur für Spießer. (Die Doppeldeutigkeit jener Aussage überschreitet übrigens seinen Intellekt.) Zunächst ist sich Lukas unsicher, ob er Marina in den Bauch treten soll, damit sie die Blage verliert, oder ob Kindergeld eine gute Aufstockung seines Hartz IV ist. Sollte Marinas Kind zur Welt kommen, hat es die idealen Startbedingungen, um zu einem unberechenbaren Gefühlschaoten zu werden.

Warum wird jemand zum unberechenbaren Gefühlschaoten?

Ein Kind, das einer solchen Verbindung entstammt, ist eine besonders tragische Gestalt, denn es leidet von allen Arschlöchern am meisten. Es möchte gern vernünftige Beziehungen zu seinen Mitmenschen führen, aber es hat das nie gelernt. Seine Eltern haben es entweder mit Nichtbeachtung, Misshandlung oder im schlimmsten Fall sogar sexuellem Missbrauch bedacht. Um zu überleben, musste dieses Kind die «guten, versorgenden Eltern» von den «bösen, misshandelnden Eltern» spalten. Es hat nie gelernt, in einem Menschen beide Seiten zugleich wahrzunehmen, sondern musste immer auf der Hut sein, ob es nun die «gute Mutter» oder die «prügelnde Mutter», den «liebenden Vater» oder den «missbrauchenden Vater» vor sich hatte. Und in Fällen schlimmster Misshandlung lernten diese Menschen von frühester Kindheit an, sich geistig in eine andere Welt zu begeben und ihre Umgebung nicht mehr wahrzunehmen. Sie spürten nichts mehr, nicht einmal mehr sich selbst.

Diese Zerrissenheit, diese Unfähigkeit, einen Menschen gleichzeitig sowohl als positiv wie auch als negativ zu akzeptieren, konnten sie nie ablegen. Sie können ihr Gegenüber nur als entweder gut oder böse wahrnehmen – und diese Wahrnehmung kann sehr schnell wechseln. Eben noch heiß und innig geliebt, wird die gleiche Person durch eine möglicherweise harmlose Bemerkung, die eine unangenehme Erinnerung auslöst, ebenso brennend gehasst.

Zudem ist der unberechenbare Gefühlschaot nicht in der Lage, seine eigenen Gefühle ausreichend wahrzunehmen und zu erkennen. Entweder spürt er gar nichts oder aber Wut und Angst, manchmal auch eine unerklärliche Traurigkeit. Darüber hinaus lassen ihn Gedanken an den Tod als letzten Ausweg niemals los, sodass der unberechenbare Gefühlschaot oft unter chronischer Suizidalität leidet, ganz gleich, ob er sich wirklich umbringen will oder nicht. Für die Umwelt irritierend ist auch seine Neigung zu selbstverletzendem Verhalten. Wenn der unberechenbare Gefühlschaot Stress hat, kann es ganz schnell passieren, dass er sich mal eben die Arme aufritzt – meist nur oberflächlich, denn er will sich ja nicht umbringen. Die Umwelt versteht das nicht und ist schockiert oder besorgt. Diese Selbstverletzung hilft dem unberechenbaren Gefühlschaoten, sich zu beruhigen und selbst wieder zu spüren, wenn die Leere in ihm unerträglich ist. Oftmals erntet er neben Ablehnung auch Mitleid für dieses Verhalten oder zumindest Aufmerksamkeit, was als positive Verstärkung verstanden wird. Bei manchen unberechenbaren Gefühlschaoten kann dieses selbstverletzende Verhalten fast schon Suchtcharakter annehmen, was sie in letzter Konsequenz sozial isoliert.

Trotzdem verfügt der unberechenbare Gefühlschaot in vielen Fällen über ein ausgesprochen freundliches Wesen, das er in seinen guten Zeiten einsetzt, um sich nicht komplett von der Menschheit abzusondern. Unberechenbare Gefühlschaoten haben das Talent, immer irgendwen zu finden, der ihnen hilft und sich für sie einsetzt. Denn unbewusst appellieren sie durch ihre Art und Hilflosigkeit geschickt an die Brutpflegeinstinkte ihrer Mitmenschen. Beim ersten Kontakt merkt jeder, dass er es hier mit einem ganz armen Würstchen zu tun hat, das dringend Hilfe braucht, und möchte dem unberechenbaren Gefühlschaoten natürlich helfen. Bis zu einem gewissen Grad kann der unberechenbare Gefühlschaot auch Hilfe annehmen und sich als umgänglicher, liebenswerter Zeitgenosse präsentieren. Nur leider ist dies nicht ausschließlich von der Umwelt abhängig, sondern überwiegend von seiner eigenen Grundstimmung und der Art, wie er das Verhalten des Gegenübers interpretiert. Und da liegt das Hauptproblem – die Unberechenbarkeit. Wenn der unberechenbare Gefühlschaot einmal eine Meinung gefasst hat, bleibt er vorerst dabei. Zwar kann sich das wieder ändern, aber es ist von außen nur schwer beeinflussbar und nicht zu kontrollieren. Heute liebt der unberechenbare Gefühlschaot seinen Partner heiß und innig, morgen hasst er ihn dafür, weil er vergessen hat, den Müll runterzubringen, am dritten Tag droht er mit Selbstmord, weil er Angst hat, verlassen zu werden, nur um den Partner am vierten Tag wieder heiß und innig zu lieben. Wenn dieser Rhythmus zwischen Hass und Liebe tatsächlich so zyklisch wäre wie ein Malariaanfall, könnte die Umwelt damit vermutlich besser umgehen, aber so einfach ist es nicht. Die Stimmung kann jederzeit kippen. Die eben noch liebevolle Ehefrau wird im nächsten Moment zum Hausdrachen und droht ihrem Mann, vom Balkon zu springen, wenn er sich nicht endlich ändert. Dabei weiß der arme Kerl gar nicht, was er ändern soll, denn das sagt sie ihm natürlich nicht, weil sie es selbst nicht weiß ...

Kurzum – der unberechenbare Gefühlschaot hat massive Probleme damit, andere Menschen samt ihrem Verhalten richtig einzuschätzen, und ist ein zutiefst verunsicherter, oftmals traumatisierter Mensch.

Da die Vernachlässigung und Misshandlung bereits in frühester Kindheit begonnen haben und noch dazu von den nächsten Bezugspersonen begangen wurden, ist das Verhalten des unberechenbaren Gefühlschaoten Teil seiner Persönlichkeit geworden. Er kann es nicht ablegen, auch wenn er das gern würde.

Die meisten unberechenbaren Gefühlschaoten landen irgendwann bei einem Psychotherapeuten oder in einer psychiatrischen Klinik, weil sie sich selbst nicht mehr aushalten und in ihrer Umgebung viel Ablehnung erfahren. Dabei wünschen sie sich nichts sehnlicher als Zuwendung und Liebe, tun aber gleichzeitig alles dafür, jede Beziehung gleich wieder kaputt zu machen, um zu testen, ob der Partner es wirklich ernst meint.

Da allerdings kaum ein Mensch Lust dazu hat, ständig mit den aggressiven Launen eines anderen konfrontiert zu werden und nur wenig Einfluss auf dessen Stimmung nehmen zu können, ergreifen die meisten Partner die Flucht, sobald die Phase der freundlichen Idealisierung in blanke Hasstiraden oder massive Selbstmorddrohungen umgeschlagen ist. Wenn der unberechenbare Gefühlschaot das merkt, bekommt er wieder Angst, verlassen zu werden, und versucht zu retten, was zu retten ist, weil ihm der Partner doch fehlt. Nun idealisiert er ihn wieder, und es kommt erneut zur Annäherung und Versöhnung. Die ist jedoch nicht von Dauer, denn niemand kann den Idealvorstellungen des unberechenbaren Gefühlschaoten dauerhaft genügen.

Geraten unberechenbare Gefühlschaoten bei der Partnerwahl an Riesenarschlöcher, sind diese Beziehungen relativ stabil, denn sobald der Gefühlschaot unberechenbar wird, gibt es Prügel vom Riesenarschloch. Solche Beziehungen erkennt man daran, dass es sich meist um weibliche unberechenbare Gefühlschaoten und männliche Riesenarschlöcher handelt. Wenn sie zu sehr aufdreht, schlägt er sie, bis sie ruhig ist oder wahlweise die Polizei ruft oder ins Frauenhaus flieht oder im Krankenhaus liegt. Dann merkt das Riesenarschloch, dass ihm doch etwas fehlt, und er besucht seine Liebste im Krankenhaus oder lässt ihr über Dritte mitteilen, dass sie doch bitte aus dem Frauenhaus zurück nach Hause kommen soll. Je länger er bettelt und fleht, umso mächtiger fühlt sich die unberechenbare Gefühlschaotin, denn sie glaubt, sie hätte ihn geändert.

Sie idealisiert ihn wieder und kehrt nach Hause zurück. Vermutlich wurden die Liebesromane, in denen ein fieses Raubein von einer Frau gezähmt wird, für unberechenbare Gefühlschaotinnen geschrieben, die mit einem Riesenarschloch zusammenleben. Nur leider funktioniert das in der Realität nicht. Dort geht es zwar für eine Weile wieder gut, und wenn man Pech hat, gerade lange genug, bis dieses Paar ein Kind in die Welt setzt, das dann ebenfalls gute Voraussetzungen für eine Entwicklung zum Riesenarschloch oder unberechenbaren Gefühlschaoten mitbringt.

Wie geht man mit dem unberechenbaren Gefühlschaoten um, wenn man kein Riesenarschloch ist?

Zunächst einmal muss man sich klarmachen, dass das Verhalten des unberechenbaren Gefühlschaoten nicht böse gemeint ist, selbst wenn er sich wie ein Arschloch benimmt. Er kann nicht anders. Entweder, man hat den langen Atem, die ständigen Stimmungsschwankungen und den Wechsel von Entwertung und Idealisierung der eigenen Person auszuhalten, oder man sollte den Kontakt mit dem unberechenbaren Gefühlschaoten meiden und ihm möglichst neutral aus dem Weg gehen. Auf keinen Fall sollte man sich geschmeichelt fühlen, wenn der unberechenbare Gefühlschaot verkündet: «Noch nie hat mich jemand so gut verstanden wie du! Wenn alle Menschen so wie du wären, wäre die Welt ein besserer Ort!» Sie können sich sicher sein, dass er Sie spätestens nächste Woche mit den schlimmsten Terroristen der Weltgeschichte in einen

Topf werfen wird, weil Sie sich geweigert haben, ihm einen Wunsch zu erfüllen. So ist er eben – er kann nichts dafür. Entweder erdulden Sie es, oder Sie suchen das Weite. Wenn Sie es jedoch lang genug erdulden und der unberechenbare Gefühlschaot nebenher eine Therapie macht, könnte es sein, dass Sie doch noch eine gute Beziehung mit ihm führen können, und er wird Ihnen auch sehr dankbar sein, dass Sie trotz allem zu ihm halten (beschimpfen wird er Sie natürlich trotzdem weiterhin in unregelmäßigen Abständen). Allerdings sollten Sie sich auf mehrere Jahre harter Arbeit für beide Seiten einstellen, ehe Sie eine wirklich harmonische Partnerschaft führen können. Und auf Kinder sollten Sie in dieser Zeit lieber verzichten – Sie werden Ihre ganze Kraft für den unberechenbaren Gefühlschaoten brauchen.

Der unberechenbare Gefühlschaot ist nicht nur in sich gespalten – die Umwelt ist es auch. Die einen mögen ihn trotz allem, die anderen verabscheuen ihn und ergreifen die Flucht, wenn sie ihn nur sehen.

Aber natürlich hat es auch einige Vorteile, ein unberechenbarer Gefühlschaot zu sein. Zum einen ist da die bewundernswerte Fähigkeit, im ersten Kontakt mit Fremden so hilflosfreundlich zu wirken, dass man alles bekommt, was man sich wünscht (außer, man gerät an ein Riesenarschloch, da bekommt man dann Schläge oder Arschtritte). Der unberechenbare Gefühlschaot schafft es, sehr schnell seine Mitmenschen für seine eigenen Belange einzuspannen und sie dazu zu bringen, sich für ihn mehr einzusetzen als für sich selbst. Unberechenbare Gefühlschaoten sind Meister darin, das Kindchenschema zu bedienen und Welpenschutz zu erhalten. Das funktioniert so lange, bis ihr Gegenüber irgendwann merkt, dass er gar kein hilfloses Kind vor sich hat. Bei einigen unberechenbaren Gefühlschaoten erkennt das Gegenüber es nach wenigen Tagen, bei anderen niemals.

Die Diva unter den Arschlöchern

(der Wissenschaft auch als histrionische Persönlichkeit bekannt)

Die Diva ist eines der interessantesten Arschlöcher. Ungeachtet der weiblichen Bezeichnung, ist die Verteilung dieses Arschlochtyps unter den Geschlechtern ausgeglichen. Die Diva kann sowohl männlich als auch weiblich sein und ist in ihrem Gebaren nicht sofort als Arschloch zu erkennen, da sie sehr gesellig und fröhlich ist. Sie steht gern im Mittelpunkt, flirtet gern, ist dabei jedoch auch sprunghaft und legt sich nicht gern auf einen Partner fest. Die Diva möchte ihre Freiheit haben, aber zugleich bewundert werden. Sie liebt es, zu schauspielern und sich zu verkleiden – nicht immer im klassischen Sinne, sondern oft genug auch im übertragenen.

Es gelingt der Diva sehr schnell, neue Freunde zu finden und dem Gegenüber das Gefühl zu geben, es perfekt zu verstehen und seine Interessen zu teilen, auch wenn dies gar nicht der Realität entspricht. Solange sich die Diva um ihr Gegenüber bemüht, ist sie die perfekte Partnerin oder der perfekte Partner. Erst wenn sie das Gegenüber sicher an sich gebunden hat, wird deutlich, dass man vielleicht doch nicht so viele Dinge gemein hat. Die Diva wird dann nicht unfreundlich, sondern eher unzuverlässig. Sie begleitet den Partner nicht wie früher zum Fußball oder in die Oper, sondern erfindet charmante Ausreden, denn sie würde niemals offen für ihre Belange eintreten. Wer ein offenes Wort sucht, eine handfeste Aussprache, ein bereinigendes Gewitter, der ist bei der Diva falsch. Sie ist harmoniesüchtig und flatterhaft. Streitigkeiten mag sie nicht und Diskussionen nur dann, wenn sie weiß, dass die Zuhörerschaft ohnehin ihrer Meinung folgen wird, weil sie vorher schon im Hintergrund rechtzeitig alle Fäden gezogen hat.

In der Literatur und im Film gibt es eine Heldenfigur, die alle Eigenschaften der Diva klassisch in sich vereint. Das ist Zorro. Zorro, der mit bürgerlichem Namen Don Diego de la Vega heißt, ist ein Landedelmann aus dem damals noch spanischen Kalifornien, der Anfang des 19. Jahrhunderts in der Maske des schwarzen Rächers gegen die Ungerechtigkeit vorging. Von seinem Vater Don Alejandro wurde er in der Jugend nach Spanien auf eine Militärakademie geschickt. Dort war er der beste Fechter, gewann zahlreiche Auszeichnungen, und alle Damen lagen ihm zu Füßen. Für eine Diva ein geradezu paradiesisches Leben. Aber dann fand dieses herrliche Leben ein Ende, als sein Vater ihn nach Kalifornien zurückbeorderte, damit Diego ihm im Kampf gegen die dort herrschenden korrupten Machthaber (klassische Riesenarschlöcher) zur Seite stehen sollte. Da der gute Diego eine klassische Diva war, die offene Konflikte und Aussprachen scheute, spielte er seinem Vater lieber den parfümierten, taschentuchschwenkenden Bücherwurm vor, dem man bloß keinen Degen in die Hand geben durfte, weil er sich damit aus lauter Schusseligkeit nur selbst aufspießen würde. Doch in der Nacht (und zuweilen auch am Tag) schlüpfte er in die Maske des unbesiegbaren Zorro und bekämpfte die korrupten Machthaber. Nur sein stummer Diener wusste, wer er wirklich war.

Als klassische Diva war Diego nicht in der Lage, offen mit seinem Vater über die Probleme in Kalifornien und ihre Lösung zu diskutieren. Stattdessen nahm er es lieber in Kauf, seinen Vater zu enttäuschen und sich als Schwächling auszugeben, da er fürchtete, sein Vater wäre mit seiner Zorro-Idee nicht einverstanden. Seiner Liebe für Rollenspiele und Kostümierungen kamen beide Identitäten – sowohl die als Don Diego wie auch die als Zorro – zugute. Er musste sich nicht entscheiden, wer er wirklich sein wollte. Praktischerweise musste er sich so auch nie offen klar und deutlich positionieren. Als Diego ging er allen Konflikten aus dem Weg und sprach den Leuten nach dem Munde, als Zorro sagte er das, was er wirklich dachte. Aber da niemand wusste, wer Zorro wirklich war, musste er dafür im normalen Leben keine Konsequenzen fürchten.

Im Fall von Zorro konnte die Diva Don Diego ihre klassischen Charaktereigenschaften für positive Dinge verwenden, obwohl Diego seinen Vater zunächst enttäuschte – nicht nur, weil er ihm einen Waschlappen vorspielte, sondern auch, weil er ihn nicht ins Vertrauen zog. Aus Sicht seines Vaters Alejandro war Diego damit unter Garantie ein Arschloch. Aus Sicht derer, die er ansonsten so schamlos belog, vermutlich auch.

Aber – und das ist auch klassisch für die Diva unter den Arschlöchern – die Menschen neigen sehr schnell dazu, der Diva zu verzeihen, wenn die Wahrheit ans Licht kommt, denn die Diva ist eine Meisterin der Redekunst. Am Schluss sehen fast alle anderen ein, dass die Diva recht hatte, und sind froh, dass sie sie haben. Selbst Don Alejandro war am Ende stolz auf seinen Zorro-Sohn und kam gar nicht mehr auf den Gedanken, ihm seine Scharade übelzunehmen. Da die Diva Humor hat, kann sie nämlich auch über sich selbst lachen. Das ist ihr großes Geheimnis, wie sie trotz ihrer Arschloch-Anteile immer wieder das Ruder herumreißen kann.

Wie wird man zu einer Diva?

Die Diva stammt oft aus familiären Verhältnissen, in denen sie bereits als Kind viel Verantwortung übernehmen musste, um ihre Eltern zu entlasten. Das kann beispielsweise bei einem chronisch kranken Elternteil der Fall sein oder bei alleinerziehenden Eltern. Das Kind rutscht in die Rolle des «Ersatzpartners» für den belasteten Elternteil. Dies hat nichts mit Sexualität oder gar Missbrauch zu tun, ganz im Gegenteil, die Wissenschaft nennt diesen Vorgang «Parentifizierung» – die Kinder übernehmen aus Fürsorge die Elternrolle für einen Elternteil und oftmals auch die Rolle des stabilen, verlässlichen Partners für den verbleibenden Elternteil. Sie wachsen bereits in jungen Jahren über sich hinaus, wirken älter und belastbarer, als sie tatsächlich sind.

Und sie verinnerlichen noch etwas: Sie bekommen Anerkennung dafür, wenn sie dem belasteten Vater, der eine kranke Frau zu Hause hat, selbst eine «kleine Frau» sind, die sich um die häuslichen Belange kümmert, oder wahlweise, wenn der

Junge der alleinerziehenden Mutter ein «kleiner Mann» ist, der sich um all die Dinge kümmert, die sonst ein Vater in einer Familie übernimmt.

In vielen pathetischen Western gibt es die Szene, wenn dem kleinen Jungen nach der Schießerei, bei der sein Papa umkam, vom Helden gesagt wird: «Du bist jetzt der Mann in der Familie! Kümmere dich um deine Mum!» Spätestens an dieser Stelle sollte man dem Helden dafür in den Arsch treten, dass er sich nicht selbst darum kümmert, der Witwe seines Freundes zu helfen, sondern alles einem Achtjährigen aufbürdet, den er kurzerhand zum «Mann» erklärt, damit er selbst fein raus ist und im Sonnenuntergang zu neuen Abenteuern aufbrechen kann.

Und dann gibt es noch die Geschichten, die davon handeln, wie ein Vater nach dem Tod seiner Frau verzweifelt und seine Tochter sich hingebungsvoll um ihn kümmert. In der Gesellschaft wird dieses Verhalten positiv verstärkt, auch wenn es den wahren Bedürfnissen der Tochter, die weiterhin ein Kind sein will und echte Eltern braucht, entgegensteht. Interessant sind auch Konstellationen, in denen die Eltern es von vornherein ablehnen, von ihren Kindern «Mama» oder «Papa» genannt zu werden, sondern man sich gegenseitig gleichberechtigt mit dem Vornamen anspricht. Diese Eltern erklären oft, dass sie als Personen nicht aufs Elternsein von ihren Kindern beschränkt werden wollen, sondern diese als gleichberechtigte Individuen wahrnehmen, zu denen sie eine freundschaftliche Beziehung haben wollen. Mütter dieses Typus nennen sich beispielsweise gern selbst die «beste Freundin» ihrer Tochter, und Väter bezeichnen ihren Sohn als «engsten Kumpel». So faszinierend das nach außen hin auch aussehen mag und so liebevoll diese Beziehungen auch sein mögen – wer möchte mit seiner Mutter oder seinem Vater über wirklich *jedes* Thema so offen reden wie mit einem besten Freund? Zum Erwachsenwerden und der Abgrenzung gehört es auch, in einigen Punkten anderer Meinung zu sein als die Eltern.

Das Kind selbst befindet sich in all diesen Fällen in einer Zwickmühle. Auf der einen Seite genießt es die Anerkennung, auf der anderen Seite macht diese Form von Beziehung ihm die Ablösung vom Elternhaus und das Beschreiten neuer Wege deutlich schwerer. Wenn diese Kinder offen mit ihren Eltern darüber reden wollen, werden sie meist nicht verstanden. Die Eltern sind der Meinung, man habe eine gute Beziehung und es sei doch alles in Ordnung. Die Kinder spüren, dass sie die geliebten Eltern verletzen, wenn sie eigene Wege gehen. Und so lernen sie, dass offene Diskussionen nichts außer Ärger bringen. Am besten ist es, immer freundlich «Jaja» zu sagen, in der eigenen Rolle zu bleiben, aber noch ein zweites, eigenständiges Leben zu beginnen, in dem sie dann das tun können, was sie wirklich wollen, und von dem die Eltern nichts erfahren, weil es sie verletzen und kränken könnte. Schließlich wollen diese Eltern ihre Kinder als loyale, treue Freunde und Partner und an jedem Part ihres Lebens teilnehmen. Sie wollen alles besser machen als ihre eigenen Eltern und meinen es wirklich gut. Die einzige Möglichkeit, die diese Kinder deshalb haben, ist die Verkleidung ihrer Interessen – meist im übertragenen Sinne, aber manchmal auch so offen wie in der Figur des Zorro.

Wie geht man mit der Diva um?

Dadurch, dass die Diva auf der einen Seite sehr liebenswert und zugewandt ist, aber auf der anderen Seite nie offen sagen wird, was ihr nicht gefällt, sondern sich dann lieber zurückzieht, ist der Umgang mit ihr recht einfach. Problematisch wird es nur dann, wenn man auf eine Diva für ein Projekt angewiesen ist. Die Diva hat begeistert zugesagt, aber wenn sie nicht wirklich davon überzeugt ist, wird sie sich als unzuverlässig und hinderlich erweisen. Im schlimmsten Fall kann dieser Arschlochtyp sogar Pläne hintertreiben, weil er nicht in der Lage ist, klar und offen «Nein» zu etwas zu sagen. Diven haben Probleme mit dem Nein-Sagen und übernehmen mehr, als sie leisten können, nur um niemanden zu kränken. Dass sie ihre Mitmenschen viel mehr schädigen, indem sie nicht in der Lage sind, offen ihre Meinung zu vertreten, sehen sie nicht.

Aber natürlich hat es auch Vorteile, eine Diva zu sein. Die Diva ist im Allgemeinen sehr beliebt und hat einen großen Freundeskreis, der allerdings nur wenige stabile, langjährige Freunde umfasst, die die Diva seit Jahren kennt und schätzt, aber dafür eine große Menge lockerer Bekanntschaften, die im Laufe der Zeit wechseln, aber niemals im Streit, sondern vielmehr so, dass die Beziehungen einschlafen, aber notfalls durch einen Telefonanruf sofort wieder reaktiviert werden können, selbst nach Jahren. Die Diva mag durch ihre scheinbare Unaufrichtigkeit ein unangenehmer Arschlochtyp sein, aber wer erkannt hat, warum sie so handelt, kann ihr leichter vergeben und wird ihre Schwächen akzeptieren. Denn andersrum ist die Diva auch ein sehr zuverlässiger Partner, wenn sie von einer

Sache überzeugt ist. Dann ist sie loyal und treu bis zur Selbstaufgabe – so wie Zorro als Rächer für die Unterdrückten.

Das bürokratische Arschloch

(der Wissenschaft auch als zwanghafte Persönlichkeit bekannt)

Das bürokratische Arschloch könnte man auch das typisch deutsche Arschloch nennen. Auf einem EU-Gipfeltreffen kann man davon ausgehen, dass jeder noch so liberale deutsche Politiker von seinem griechischen Kollegen als bürokratisches Arschloch wahrgenommen wird, denn das bürokratische Arschloch pocht auf die Einhaltung der Regeln. Regeln sind lebenswichtig und werden nicht hinterfragt, sie werden befolgt. In jeder Hinsicht, immer und ohne Ausnahme! Was sich Regel nennt, ist in härteren Stein gemeißelt als die zehn Gebote, die Moses vom Berg Sinai hinabtrug. (Außerdem sind die zehn Gebote für das bürokratische Arschloch sowieso zu unspezifisch. Um wirkliche Sicherheit hinsichtlich der Regelauslegung zu haben, fehlen dem bürokratischen Arschloch rund dreihundertzweiundsiebzig Steintafeln mit den Begleitkommentaren und Ausnahmen.)

Das bürokratische Arschloch braucht Sicherheit. Und diese Sicherheit geben ihm Regeln. In echte Schwierigkeiten kommt das bürokratische Arschloch, wenn es mit zwei sich widersprechenden Regeln konfrontiert wird. Also sucht es nach einer Regel, die besagt, welche der beiden widersprechenden Regeln in welcher Situation den Vorrang hat. Da das bürokratische Arschloch auch das typisch deutsche Arschloch ist, verwundert es nicht, dass Deutschland das Land mit den meisten Gesetzen und Begleitkommentaren zu Gesetzen ist.

Es sind allerdings nicht nur die Regeln und ihre meist sklavische Einhaltung, die den Umgang mit dem bürokratischen Arschloch schwer machen. Viel schlimmer ist die Tatsache, dass das bürokratische Arschloch auch möchte, dass alle anderen sich an seine Tugenden halten, denn schließlich hat es durch seine Regeltreue große Effizienz bewiesen. Und wenn es beispielsweise im Urlaub in China merkt, dass das chinesische Essen dort nicht genauso schmeckt wie beim Chinesen um die Ecke, ist es von China enttäuscht. Neue Entdeckungen und Erfahrungen fernab bekannter Gefilde erlebt das bürokratische Arschloch als gefährlich, weshalb man es meist in einer Reisegruppe antrifft. Und sollte es tatsächlich mal auf sich allein gestellt sein, kann man sicher sein, dass es mindestens ein Navi und einen Stadtplan dabeihat – nur für den Fall, dass der Akku des Navis gerade ausfällt, während man sich in der unberührten Wildnis italienischer Touristenstädte verlaufen hat. Da das bürokratische Arschloch weiß, dass Einheimische in fremden Ländern grundsätzlich in einer fremden Sprache reden, die es ohnehin nicht versteht, will es sich nicht darauf verlassen, sie nach dem Weg zu fragen. Sollte es in ein Land reisen, dessen Sprache es versteht, so weiß das bürokratische Arschloch allerdings, dass es die Einheimischen aufgrund ihrer Mentalität ohnehin nicht so genau mit der Wahrheit nehmen, und verlässt sich lieber auf sein Navi oder seinen Stadtplan.

In seinem Wunsch, alles stets korrekt zu machen und dadurch genügend Sicherheit vor allen Unbilden der bösen Welt zu haben, neigt das bürokratische Arschloch dazu, für einen humorlosen Spießer gehalten zu werden. Dabei hat das bürokratische Arschloch durchaus Humor und kann herzhaft über Witze lachen, sofern sie all jene karikieren, die anders denken als es selbst. Und bis zu einem gewissen Grad kann es auch über sich selbst lachen, aber das ist eher als entschuldigend zu verstehen, wenn es mal versehentlich eine Regel nicht eingehalten hat, was letztlich ja nur ein Spaß oder lustiges Versehen gewesen sein kann, denn Regeln müssen eingehalten werden.

Wie wird ein Mensch zum bürokratischen Arschloch?

Wie nicht anders zu erwarten, ist es wieder einmal die frühe Kindheit. Menschen, die sich zu bürokratischen Arschlöchern entwickeln, wurden in ihrer Kindheit von ihren Eltern bereits früh mit Grenzen konfrontiert. Entweder handelte es sich um besonders strenge Eltern oder um besonders besorgte Eltern, die ihr Kind vor allem behüten und beschützen wollten.

Die Tiefenpsychologie geht davon aus, dass die Sauberkeitserziehung eine große Rolle spielt. Ab wann darf ein Kind nicht mehr in die Windeln machen, sondern hat das Töpfchen zu benutzen? Überhaupt scheint die Reinlichkeit wichtig – nicht nur für Eltern, sondern im deutschen Kulturkreis allgemein. Wenn sich jemand ein Katzenbaby nach Hause holt, ist es ein Qualitätskriterium, ob die zwölf Wochen alte Katze schon selbständig aufs Katzenklo geht. Falls das nicht der Fall ist, gilt sie als schwierig und ist ein Fall für den Tierpsychologen.

Wenn ein Kind in die Kinderkrippe kommt, lautet eine der ersten Fragen, ob das Kind bereits sauber ist. Je früher es sauber ist, umso besser. Wehe, wenn es mit drei Jahren noch Windeln benötigen sollte – man wird den Eltern sofort einen Kinderpsychologen ans Herz legen oder gar das Jugendamt auf den Hals hetzen, denn so etwas kann ja nicht normal sein. Und so versuchen die Eltern – die strengen wie die überbesorgten –, alles ganz korrekt zu machen und eine frühe Sauberkeitserziehung zu gewährleisten. Besonders erschütternd ist es, wenn man Berichte von Heimkindern aus den fünfziger und sechziger Jahren des vergangenen Jahrhunderts liest, in denen die Pfleger stolz verkünden, dass die Kinder teilweise bereits mit zehn oder elf Monaten sauber waren und das Töpfchen zuverlässig benutzten (sie waren dann anscheinend genauso gut vermittelbar wie die Katzenbabys, die das Katzenklo benutzten). Wie ein Säugling, der noch nicht mal laufen kann, in diesem Alter dazu abgerichtet wird, möchte man sich lieber nicht vorstellen.

Natürlich führt nicht nur die strikte Sauberkeitserziehung des Kleinkindes zur Ausbildung dieses Arschlochtyps. Die Regelungen, denen sich das Kind zu unterwerfen hat, sind weitaus vielfältiger. Ein Kind darf sich auf keinen Fall schmutzig machen – die strengen Eltern denken dabei meist an die viele Wäsche, während die überbesorgten Eltern Furcht vor den gefährlichen Krankheitserregern haben. Das Endresultat ist dasselbe. Dem Kind wird verboten, seine Umgebung zu entdecken, weil das gefährlich ist – nämlich entweder, weil es seitens strenger Eltern eine Strafe gibt oder weil die besorgten Eltern dann stundenlang jammern. Und da kein Kind gern schlagende, schimpfende oder jammernde Eltern um sich hat, überprüft es schon zu einer Zeit, da es noch nicht mal sprechen kann, welche Konsequenzen ein Regelbruch hat. Zugleich lernt es, dass es das Verhalten der Eltern kontrollieren kann, wenn es sich sklavisch an die Regeln hält. Kein Regelbruch – keine Strafe und kein Gejammer. Je enger das Regelwerk ist, mit dem das Kind konfrontiert wird, ein umso größeres bürokratisches Arschloch wird es später. Wenn es für alles im Leben eine Regel gibt, sogar für die korrekte Benutzung des Teddybären («Nein, nimm ihn nur zur Wandseite hin in den Arm, er könnte sonst aus dem Bett fallen und schmutzig werden»), hat das Kind kaum noch Möglichkeiten, eigenständige Erfahrungen zu machen. Vor allem dann nicht, wenn es erleben muss, wie es den Teddybär dann tatsächlich aus dem Bett fallen ließ und die lamentierende Mutter ihn in die Waschmaschine steckte, allerdings nicht darauf achtete, dass der Teddy nicht waschmaschinengeeignet ist und er deshalb wie ein Zombie aussah, als das Kind ihn zurückbekam. Und natürlich ist das nun die Schuld des Kindes – hätte es auf Teddy richtig aufgepasst, so wie die Mutter es ihm gesagt hatte, wäre der kein Zombie geworden. Das Trauma sitzt tief. Aber immerhin ist Teddy ihm wenigstens als Zombie erhalten geblieben. Wäre das Ganze auf der Straße passiert, hätte die Mutter den mit Straßenstaub kontaminierten Teddy garantiert sofort und ohne Rücksicht in den nächsten Müllcontainer geworfen.

Das Kind lernt also weitere Sanktionen bei Regelverstößen kennen – wer sich nicht an die Regeln hält, kann auch ruck, zuck enteignet werden. Rechte sind nur verbunden mit Regeleinhaltung. Wer die Regeln bricht, ist rechtlos und hilflos und verdient es nicht besser.

Wenn man sich die bürokratischen Arschlöcher so ansieht, muss man ihnen durchaus eine gewisse Effizienz zugestehen. Wer seine Zeit nicht mit Streiks, Demonstrationen oder Diskussionen verschwendet, sondern stattdessen lieber ordentlich arbeitet, leistet einfach mehr. Regeln nicht zu hinterfragen, sondern zu befolgen, spart viel Zeit. Es kann jedoch auch mal nach hinten losgehen, wenn man sich an die Regeln von jemandem hält, der sie nicht zum Wohl der Menschheit erfunden hat.

Wie geht man mit einem bürokratischen Arschloch um?

Zum einen ist es wichtig, zu wissen, warum es sich so und nicht anders verhält. Die Regeln werden eingehalten, um Sicherheit zu haben. Wenn man jedoch im Umgang mit einem bürokratischen Arschloch feststellt, dass es sich an Regeln hält, die unsinnig sind, könnte man versuchen, an seinen Intellekt zu appellieren und zu fragen: «Welchen Sinn hat es, dass du das jetzt tust?» Oder: «Was könnte schlimmstenfalls passieren, wenn du dich jetzt nicht an diese Regel hältst?»

Das ist immer dann von entscheidender Bedeutung, wenn sich das bürokratische Arschloch hinter Regeln versteckt, um seinen eigenen Willen durchzusetzen, der eigentlich gar nichts mit der Regel zu tun hat. In dem Fall ist es von Vorteil, wenn man sich selbst im entsprechenden Regelwerk besser als das bürokratische Arschloch auskennt, um ihm dann eine andere, widersprechende Regel unter die Nase zu reiben und zu erklären, warum diese Regel nun Vorrang hätte.

Das bürokratische Arschloch schlägt man am besten mit seinen eigenen Waffen und seinen eigenen Argumenten. Da es nicht über Regeln diskutiert, muss man einfach andere Regeln anführen (oder im Notfall sogar einführen), damit sich das bürokratische Arschloch wieder sicher fühlt und sein Verhalten gefahrlos (da regelkonform) ändern kann.

Insgesamt sind bürokratische Arschlöcher aber, solange man von ihnen keinen Regelbruch verlangt, sehr umgänglich und pflegeleicht. Außerdem sind sie sehr zuverlässig. Was sie einmal zugesagt haben, halten sie auch ein, denn ein Versprechen zu brechen wäre ja wieder ein Regelbruch ...

Das feige Arschloch

(der Wissenschaft auch als ängstlicher Persönlichkeitstyp bekannt)

Das feige Arschloch zeichnet sich dadurch aus, dass es unter starker Selbstunsicherheit leidet und permanent Angst davor hat, zurückgewiesen zu werden. Es fühlt sich minderwertig, anderen Menschen unterlegen und saugt deshalb alle Schuldkomplexe in sich auf, die ihm eingeredet werden.

Von anderen wird das feige Arschloch als pflegeleicht und bescheiden wahrgenommen, weil es nicht für seine eigenen

Rechte einstehen kann, sondern sich sofort unterordnet und sehr hilfsbereit ist. Durch dieses unterwürfig-hilfsbereite Verhalten hofft es Anerkennung zu bekommen. Wenn man das feige Arschloch nur genug lobt, ist es der perfekte Untertan. Wenn Unterwürfigkeit und Selbstaufgabe nicht ausreichen, um endlich Wertschätzung zu erfahren, versucht das feige Arschloch, dafür Anerkennung zu bekommen, dass es sich selbst schlechtmacht. Es will dann für seine grandiose Selbstkritik gelobt werden.

Wenn beispielsweise in sozialen Netzwerken ein Artikel erscheint, der sich kritisch mit irgendeinem Merkmal, das auch auf das feige Arschloch zutrifft, auseinandersetzt – sei es das Körpergewicht, das Geschlecht, das Automodell oder eine andere völlig bedeutungslose Eigenschaft, die allenfalls zu lächerlichen Vorurteilen taugt –, neigt das feige Arschloch dazu, sich selbst zu outen und den größten Schwachsinn von sich zu geben, nur um demjenigen, der das Vorurteil aufstellte, zu gefallen und zu verhindern, dass es selbst angegriffen wird. Wenn das feige Arschloch beispielsweise ein Mann ist, wird es sämtliche Vorurteile gegen Männer in feministischen Talkrunden als wahr bestätigen und vehementer für die Frauenrechte eintreten als Alice Schwarzer persönlich. Ist das feige Arschloch eine Frau, wird sie sich mit ebensolcher Vehemenz in konservativen Kreisen dafür einsetzen, die Frau zurück an den Herd zu holen und mindestens sieben Kinder zu bekommen. Meist hat das weibliche feige Arschloch diese Kinderquote dann auch schon erfüllt, um dafür Anerkennung zu bekommen. Interessant wird es, wenn sich das männliche und das weibliche feige Arschloch mit ihren konträren Weltanschauungen in einer Talkshow begegnen. Dann ist alles möglich – vom Kuschelkurs bis zum harten Auskeilen –, je nachdem, wofür sie von ihren Fans mehr Anerkennung bekommen.

Sollte das feige Arschloch zufälligerweise Politiker sein, wird es nichts Besseres zu tun haben, als während eines UN-Gipfels demütig dafür um Verzeihung zu bitten, dass es zufälligerweise Abgeordneter seines eigenen Landes ist, da es sich seiner Nationalität schämt. Und so hat jede Nationalität, die feige Arschlöcher in die Politik schickt, ihr eigenes Trauma, das sie ständig zum Thema macht, egal, ob es tatsächlich gerade Gegenstand der Diskussion ist oder nicht. Ist der Politiker aus Deutschland, entschuldigt er sich selbstverständlich für die deutsche Vergangenheit. Ist der Politiker aus Griechenland, entschuldigt er sich für seine desolaten Finanzen, ist er aus Ägypten oder Tunesien, entschuldigt er sich für die Terroranschläge auf Touristen. Ist er aus England, entschuldigt er sich für die europakritische Haltung seiner Landsleute sowie das britische Essen. Ist er aus Frankreich, entschuldigt er sich für die französischen Rechten. Stammt der Politiker allerdings aus den USA, entschuldigt er sich für gar nichts, denn dort schaffen es feige Arschlöcher aufgrund des harten Wahlkampfes nie bis an die Spitze, sondern höchstens bis zum Schuhputzer des Präsidenten.

Das feige Arschloch gedeiht besonders erfolgreich in solchen Gesellschaften, in denen es modern ist, sich selbst unter dem Deckmäntelchen der Selbstkritik zu entwerten und dann den Spieß umzudrehen, indem man gegen alle, die ein Merkmal mit einem teilen, hart auskeilt. Ein klassisches Beispiel dafür ist die Schuldverschiebung bei Straftaten. Angenommen, eine Frau wird Opfer einer Vergewaltigung, dann können wir davon ausgehen, dass irgendein feiges Arschloch den Täter in Schutz nimmt und die Schuld bei der Frau sucht. Sie hätte halt keinen Minirock tragen dürfen. Sie hat ihn provoziert, sie trägt selbst die Schuld. Erstaunlicherweise sind es auch oft Frauen, die auf diese Weise argumentieren. Hier kommt es auf Seiten des feigen Arschlochs zu einer Identifikation mit dem Aggressor. Was zunächst mit normalem Menschenverstand nicht nachvollziehbar ist, begründet sich in der Art, wie das feige Arschloch denkt. Es geht letztlich um Kontrolle und Angstbekämpfung. Wenn die Schuld beim Opfer liegt, liegt es an jedem selbst, sein Verhalten so zu verändern, dass man nicht selbst zum Opfer werden kann. Also im Fall der Furcht vor einer Vergewaltigung würde nach der Logik des feigen Arschlochs eine lange Hose statt eines Minirocks reichen, um sich wirksam zu schützen. Das feige Arschloch gaukelt sich dadurch eine Sicherheit vor, die es in Wirklichkeit nicht gibt. Im kleinen Mikrokosmos des feigen Arschlochs funktioniert das sehr gut, und alles, was nicht passt, wird ausgeblendet.

Wenn jemand das feige Arschloch darauf anspricht und den Vorgang korrekt analysiert, wird das feige Arschloch entgegen seiner sonstigen Gewohnheit nicht devot nicken, sondern im schlimmsten Fall den Kontakt abbrechen, weil es die Konfrontation mit seinen wahren Motiven und damit seinen schlimmsten Ängsten nicht aushält und sich erneut abgelehnt fühlt.

Wie wird jemand zum feigen Arschloch?

Natürlich liegen die Ursachen für diese Entwicklung wieder in der frühesten Kindheit, allerdings gibt es auch Studien, die nahelegen, dass die Betroffenen genetisch bedingt dazu neigen, sich innerlich unruhig, angespannt, nervös und leicht verletzbar zu fühlen.

Selbstverständlich könnte ein liebevolles Elternhaus eine derartige genetische Disposition ausgleichen. Tatsächlich haben diese Menschen jedoch Eltern, die nicht auf die Bedürfnisse ihrer Kinder eingehen, sondern dazu neigen, ihre Kinder lächerlich zu machen. Dabei handelt es sich weniger um eine Bestrafung als um das völlige Unvermögen der Eltern, adäquat auf die Bedürfnisse des Kindes einzugehen. Wenn das Kind also einen Fehler im Lernprozess macht, wird dieser Fehler nicht liebevoll korrigiert, sondern die Eltern machen sich darüber lustig und erzählen ihn bei jeder Gelegenheit als Anekdote weiter, ganz gleich, wie peinlich das ihrem Kind sein mag. Wenn das Kind sich dafür schämt, wird es zusätzlich noch ausgelacht und gefragt, warum es denn keinen Spaß verstehe.

Falls das Kind keine «lustigen Fehler» machen sollte, nutzen seine Eltern sogar die normalsten Vorgänge, um sie als putzige Anekdoten vorzutragen. Da wird dann fröhlich lachend beim Kaffeekränzchen (bei dem das Kind artig dabeisitzen muss) verkündet, wie der Kleine neulich so einen großen Haufen machte, dass das Töpfchen fast explodiert wäre. Schon jetzt lachen alle, aber erst recht, wenn die stolze Mutter dann weitererzählt, dass dem Papa so furchtbar schlecht von dem Gestank geworden sei, dass er das Kind am liebsten durch die

Babyklappe zurückgegeben hätte. Alle Anwesenden brüllen vor Lachen, während das Kind sich schämt und zugleich Angst hat, tatsächlich irgendwann durch die Babyklappe abgeschoben zu werden. Wenn so etwas regelmäßig passiert, wird das Kind als Erwachsener vermutlich ständig Probleme mit dem Stuhlgang und eine Aversion gegen Kaffeekränzchen entwickelt haben.

Gleichzeitig lernt das Kind aber auch, dass es noch mehr ausgelacht wird, wenn es versucht, sich zu verteidigen und die Sache richtigzustellen. Dieser kindliche Trotz wird dann für besonders amüsant gehalten und auf die «Trotzphase» geschoben. Das Kind hat nur eine einzige Chance, aus der Opferrolle herauszukommen. Nämlich dann, wenn es anfängt, seine Fehler selbst als lustige Anekdoten zu erzählen. Nun lacht man zwar immer noch über seine Fehler, aber wenigstens hat das Kind die scheinbare Kontrolle, selbst zu offenbaren, wann es einen Fehler gemacht hat und wann man darüber lachen darf. Und sei es nur eine Minute, bevor die Mutter diese Geschichte sonst begeistert weitererzählt hätte. Diese Pseudokontrolle begleitet das Kind von nun an durch sein ganzes Leben. Sobald es ins Rampenlicht treten muss (was es eigentlich lieber vermeiden möchte), stellt es sich als minderwertig und fehlerbehaftet in den Mittelpunkt, erntet dafür Zuwendung, darf selbst mitlachen und verhindert, dass es von anderen bloßgestellt und ausgelacht wird. Wer sich selbst zum Deppen macht, den kann man nicht mehr verletzen. Außer, man erklärt ihm, warum er sich zum Deppen macht, denn dann wird deutlich, dass dieser Mensch das eigentlich gar nicht will, sondern damit nur anderen zuvorkommen möchte, um den letzten Rest seiner Würde zu wahren.

Wie geht man mit einem feigen Arschloch um?

Zunächst einmal ist es wichtig, diesen Menschen Wertschätzung zu vermitteln. Also sie nicht zu analysieren, sondern behutsam zu fragen, warum sie sich selbst schlechtmachen, obwohl sie doch eigentlich allen Grund hätten, auf das, was sie können, stolz zu sein.

Handelt es sich bei dem Betroffenen um eine Frau, wird sie in den meisten Fällen albern kichern und sagen, das sei ja nur Spaß gewesen. Dann kann man ihr vorsichtig sagen, dass es schade sei, wenn sich eine intelligente Frau auf diese Weise präsentiere. Im besten Fall – bei geringer Ausprägung des feigen Arschlochs – kann daraus eine ernsthafte Diskussion entstehen und der erste Schritt zum Ändern des Verhaltens. Bei schwerer Ausprägung wird die Betroffene das schon wieder als Angriff auf ihr Selbstwertgefühl erleben, sich unter weiterem Gekicher dauerhaft zurückziehen und später lamentieren, dass niemand sie versteht, sie es aber auch nicht besser verdient habe ...

Bei Männern ist das Verhalten oft etwas anders gelagert. Sobald man sie darauf anspricht, werden sie auch unsicher, aber sie kichern nicht albern (denn nur kleine Mädchen ernten für albernes Kichern Zuwendung, Jungs werden dafür noch mehr ausgelacht), sondern nutzen die Selbstentwertung zum Gegenangriff.

Wenn der Mann sich selbst entwertet – also zum Beispiel meint, dass Frauen solche Männer wie ihn, den freundlichen, sanften, kumpelhaften Typ, ablehnen, weil Frauen entgegen ihren eigenen Aussagen ja nur auf die Machos stehen –, ist darin gleich eine weitere Entwertung enthalten. Hier werden nun die Frauen mit entwertet, weil die andere Männer (und damit meint das feige Arschloch schlechtere Männer als sich selbst) vorziehen. Wenn man ihn dann darauf hinweist, dass er vielleicht deshalb nicht der Frauentyp schlechthin ist, da er nicht besonders auf sein äußeres Erscheinungsbild achtet (besonders gern regen sich Männer mit starkem Übergewicht und schlampiger Kleidung über die Frauen auf, die die «Machos aus dem Fitnesscenter» vorziehen), reagiert er entweder mit Rückzug oder einer aggressiven Antwort. Wobei die aggressive Antwort noch die bessere Alternative wäre, da er dann wenigstens bereit ist, sich dem Gespräch zu stellen.

Allerdings ist es nicht hilfreich, dem männlichen feigen Arschloch gleich seine negativen Seiten aufzuzählen. Viel besser ist es, ihn danach zu fragen, was er selbst denn denkt, warum er bei Frauen keinen Schlag hat. Falls er so reflektiert ist, dass er wie in diesem Beispiel selbst auf sein Äußeres zu sprechen kommt, könnte man gemeinsam über Möglichkeiten der Veränderung sprechen. Wenn man Pech hat, wird er einfach nur sagen, dass Frauen auf Machos stehen und einen Mann suchen, der sie dominiert, was er aber aus Prinzip nicht täte. Man kann ihn dann natürlich fragen, ob er wirklich glaubt, dass alle Frauen so wären. Aber hier heißt es vorsichtig zu sein. Sollten Sie nämlich eine Frau sein, die dieses Exemplar einfach nur aus echter Hilfsbereitschaft heraus fragt, ohne ein sexuelles Interesse an ihm zu haben, kann das furchtbar schiefgehen. Das feige Arschloch glaubt dann nämlich, Sie bieten sich selbst an, und versucht mit Ihnen zu flirten. Wenn Sie sagen, dass Sie ihn zwar nett finden, aber kein Interesse an einer Beziehung haben, bestätigen Sie nur seine Vorurteile – er ist dann fest davon überzeugt, dass Sie ja auch auf die Machos aus dem Fitnesscenter stehen, aber zu feige sind, ihm das zu sagen. Aber keine Sorge – als Frau sind Sie davon nur bedroht, wenn Sie in seinen Augen attraktiv sind. Wenn er Sie nicht sexuell anziehend findet, könnte daraus durchaus noch ein gutes Gespräch werden.

Gutaussehende feige männliche Arschlöcher haben übrigens selten Probleme, Frauen zu finden, weil ihre Selbstentwertung von den Frauen als Selbstkritik verkannt und als anziehend erlebt wird.

Zusammenfassend lässt sich über das feige Arschloch sagen, dass es im persönlichen Umgang aus lauter Angst meist pflegeleicht und gut auszubeuten ist. Aber tief in ihm rumort es. Und wenn irgendein «starker Mann» kommt, der ihm verspricht, seine Ängste zu beseitigen, ist das feige Arschloch wie kein anderer Arschlochtyp gefährdet, sich Extremisten anzuschließen. Hauptsache, es hat das Gefühl, Wertschätzung zu bekommen. Dabei ist es übrigens unwichtig, ob es sich um politischen oder religiösen Extremismus handelt. Das feige Arschloch wird immer in dem Extremisten-Verein Mitglied, der seiner Kultur am nächsten steht. Also wird ein feiges Arschloch aus dem Bildungsbürgertum eher linksextremistisch, ein feiges Arschloch aus dem Arbeitermilieu je nach familiärer Prägung rechts- oder linksextremistisch, und ein feiges Arschloch mit religiösem Umfeld neigt zum religiösen Fundamentalismus. Dabei geht es ihm eigentlich nie um die Sache selbst, sondern immer nur um Anerkennung und Wertschätzung innerhalb der eigenen Gruppe. Und so gibt es auch fließende Wechsel zwischen den unterschiedlichen Extremisten – da kann schon mal ein Linker zum Rechten werden, ein Religiöser zum Linken oder ein Rechter zum Religiösen. Es hängt ausschließlich davon ab, von wem sich das feige Arschloch mehr Zuwendung und Wertschätzung verspricht.

Der Klammeraffe

(der Wissenschaft auch als dependenter Persönlichkeitstyp bekannt)

Der Klammeraffe ist in gewisser Weise mit dem feigen Arschloch zu vergleichen, allerdings hat sein Verhalten andere Ursachen. Während sich das feige Arschloch vor Zurückweisung fürchtet, liegt das größte Problem des Klammeraffen darin, dass er nicht in der Lage ist, alltägliche Entscheidungen zu treffen, ohne ausgiebig den Rat und die Bestätigung anderer einzuholen. Ohne jemanden, der ihm sagt, was er tun soll, ist der Klammeraffe rettungslos verloren. Männliche Spezies dieser Art wissen dann nicht mal, welche Krawatte sie umbinden sollen, und sind dankbar, wenn ihre Frau ihnen die Wäsche morgens rauslegt, sobald Mutti das nicht mehr tut. Weibliche Klammeraffen haben es noch leichter und lassen alles ihren Vater oder später den Mann entscheiden.

Der Klammeraffe tut alles dafür, um von anderen Versorgung und Zuwendung zu erhalten. Im Zweifelsfall meldet er sich sogar für die unangenehmsten Tätigkeiten freiwillig, nur damit er seinen Platz in der Gruppe erhält. Für eine Klammeräffin könnte deshalb sogar ein Leben als Frau in Saudi-Arabien erstrebenswert sein, weil sie sich dort um gar nichts mehr kümmern muss – sie muss nicht arbeiten, und sie braucht keinen Führerschein, da sie sowieso nicht Auto fahren darf. Wie sie aussieht, ist vollkommen egal, da ihre Familie ihr den versorgenden Ehemann sucht, und wenn sie auf die Straße geht, muss sie sich um die Frisur oder ihre Kleidung keine Sorgen machen – schwarze Ganzkörperschleier können für eine Klammeräffin wahnsinnig entlastend und ein Ausdruck echter Freiheit sein.

Der männliche Klammeraffe hat es da schon schwerer. Nach Saudi-Arabien auszuwandern wäre keine Option, denn sein Biotop liegt in der westlichen Welt, wo er bis zum Lebensende bei Mutti wohnen bleiben darf, wenn er keine Frau findet, die ihn adoptiert bzw. heiratet. Mutti ist immer die Beste und regelt alles für ihn. Extremfälle des männlichen Klammeraffen landen oft im Alter zwischen 50 und 70 mit schweren Depressionen in der Psychiatrie, nachdem ihre Mutter gestorben ist und sie das Kinderzimmer nun endgültig verlassen müssen, zumal Mutti bis dahin erfolgreich verhinderte, dass sie eine Frau finden, die ihnen das Söhnchen wegnehmen könnte. «Alles Schlampen außer Mutti» könnte für diese Männer ein Slogan sein.

Allein ist der Klammeraffe hilflos und verzweifelt. Wenn eine Beziehung endet, stürzt er sich sofort in eine neue Beziehung, egal, ob sie passt oder nicht. Hauptsache, er entkommt der quälenden Einsamkeit.

Das kann dazu führen, dass sich intelligente und nach

außen erfolgreiche Menschen an Partner hängen, die sich deutlich unterhalb ihres eigenen Niveaus befinden und sie zudem noch schlecht behandeln. Wenn sich ein beruflich erfolgreicher Mann von einer ungebildeten, wenig attraktiven und noch dazu unsympathischen Frau tyrannisieren lässt, denken die meisten Menschen, die Frau müsse es wohl im Bett total drauf haben. Dabei ist der Sex das Unwichtigste. Wichtiger ist, dass sie ihm sagt, wo es langgeht, weil er dazu aus lauter Angst vor Entscheidungen nicht in der Lage ist. Männer, die in so einem Abhängigkeitsverhältnis leben, werden von der Gesellschaft mit einem Kopfschütteln zur Kenntnis genommen. Bei Frauen fällt es dagegen kaum auf, da sich die abhängige Frau nicht nur in Saudi-Arabien wohlfühlen würde, sondern auch unserem klassischen Rollenbild entspricht. Deshalb ist sie sich ihrer Ängste oftmals gar nicht so sehr bewusst. Der Mann als Familienoberhaupt weiß, was gut für alle ist, er wird ihr sagen, was sie tun muss, und schon fühlt sie sich gesellschaftlich anerkannt wohl. Problematisch wird es dann, wenn sie verwitwet und vollkommen hilflos ist. Aber da die meisten Klammeräffinnen im Rahmen ihres natürlichen Rollenverständnisses auch mehrere Kinder haben, überlässt sie die Entscheidungen nun ihren erwachsenen Kindern und muss sich weiterhin um gar nichts kümmern. Sollte sie keine Kinder haben, zieht sie ins Altersheim, wo ebenfalls für sie gesorgt wird. Und sollte sie fürs Altersheim noch zu jung sein, sucht sie sich schnell einen neuen Mann – große Ansprüche hat sie nicht, Hauptsache, er sagt ihr, was sie tun soll.

Der männliche Klammeraffe wird dagegen gern als Pantoffelheld oder Weichei hingestellt, sofern seine Frau Hausfrau ist. Sollte sie jedoch beruflich erfolgreich sein, kann der männliche Klammeraffe seine Ängste und Unsicherheit als «moderner Mann» kaschieren, indem er nach außen hin eine gleichberechtigte Partnerschaft vorgibt, in der ihm der Rat seiner Frau sehr wichtig ist. Insofern profitieren männliche Klammeraffen vom gesellschaftlichen Wandel, während es für weibliche Klammeraffen immer schwieriger wird, ungestört im alten Rollenmodell zu verharren.

Wie wird man zum Klammeraffen?

Die Ursache für das Verhalten des Klammeraffen findet sich – Sie haben es längst erraten – natürlich wieder in der frühesten Kindheit.

Klammeraffen haben meist ausgesprochen liebevolle und fürsorgliche Eltern. All die Fehler, die die Eltern der anderen Arschlochtypen machen, würden Klammeraffen-Eltern nie machen. Sie halten sich selbst für die perfekten Eltern, weil sie ihre Kinder behüten und beschützen und alle Gefahren der bösen Welt von ihnen fernhalten. Gleichzeitig hängen sie so sehr an ihren Kindern, dass sie sie einfach nicht loslassen wollen. Und so wird abhängiges Verhalten belohnt und jeder Wunsch nach Selbständigkeit unterdrückt. Dabei handeln die Eltern nicht aus Vorsatz so, sondern einfach aus überbordendem Schutztrieb.

Wenn das Kind im Kindergarten erstmals Freunde findet, sehen diese Eltern es ausgesprochen ungern, wenn ihr eigenes Kind Freunde besucht – dort haben sie ja keine Kontrolle mehr, wer weiß, ob dem Kind nicht etwas Schreckliches passieren könnte. Stattdessen erlauben sie ihrem Kind bereitwillig, die Freunde zu sich nach Hause einzuladen, auch gern zu Übernachtungsbesuchen. Wenn das Kind nun auch mal gern bei seinem Freund übernachten will, wird ihm dieser Wunsch von den eigenen Eltern so lange schlechtgeredet, bis das Kind selbst glaubt, keine Lust mehr zu haben. Zugleich wird ihm alles Mögliche versprochen, was man zu Hause mit dem Übernachtungsbesuch Tolles unternehmen könne – und diese Versprechen werden selbstverständlich auch eingehalten.

Das hat zur Folge, dass die Freunde ebenfalls sehr gern bei unserem künftigen Klammeraffen und seinen Eltern übernachten und der künftige Klammeraffe sich unter der Obhut seiner Eltern stets sicher und behütet fühlen kann.

Problematisch wird es, wenn der Klammeraffe in die Pubertät kommt. Wenn die elterliche Erziehung noch nicht ausreichend die Unselbständigkeit verstärkt hat, könnte es zu ernsthaften Konflikten kommen. Am leichtesten gelingt es den Eltern, diese Probleme zu beseitigen, indem sie in einer Mischung aus Großzügigkeit und seelischer Erpressung dafür sorgen, dass das Kind bei ihnen bleibt. Besonders beliebt sind Vorwürfe wie: «Wir haben doch alles für dich getan!» – und dann werden all die tollen Dinge aufgezählt, die man tatsächlich für das Kind getan hat. Gleichzeitig wird vielleicht ein großer, gemeinsamer Urlaub versprochen – gern dürfen die Kinder auch ihre Freunde mitnehmen, aber natürlich nur die «dankbaren» Freunde.

In den meisten Fällen hat sich die Abhängigkeit in der Pubertät allerdings bereits so verfestigt, dass es zu überhaupt keinen Problemen mehr kommt. Die stete Verwöhnung, das «Hotel Mutti» inklusive des Abhohldienstes, wenn das Kind wirklich mal zu Partys gehen darf, hat ein Übriges getan, die Unselbständigkeit zu bewahren.

Während die weiblichen Klammeraffen gesellschaftlich schon immer anerkannt waren, bildete sich recht früh ein Schimpfwort für die männlichen Klammeraffen aus – das Muttersöhnchen.

Wie geht man mit dem Klammeraffen um?

Am besten, indem man ihm nicht jedes Mal sofort sagt, was er tun soll, auch wenn das sehr verführerisch sein mag. Schließlich soll der Klammeraffe ja lernen, allein zurechtzukommen, wenn der Partner mal für ein Wochenende auf einer Dienstreise ist, und ihn nicht alle fünf Minuten auf dem Handy anrufen.

Der Klammeraffe braucht Sicherheit und muss die Erfahrung machen, dass keine Katastrophen passieren, wenn er selbst eine Entscheidung trifft. Also fängt man zunächst mit harmlosen Dingen an. Er soll selbst entscheiden, ob er eine Krawatte tragen will oder nicht. Und natürlich sollte er auch selbst entscheiden, welche Farbe die Krawatte hat. Auf Fragen wie «Soll ich die nehmen?» lautet die korrekte Antwort: «Das musst du selbst entscheiden.» Aber Vorsicht! In manchen Fällen ist der Klammeraffe so sozialisiert, dass dieser Satz negative Assoziationen weckt. Er wird nämlich gern von Eltern verwendet, um damit ihr Missfallen auszudrücken, ohne konkret «Nein» zu sagen. «Das musst du selbst entscheiden!» ist in diesem Fall eine Drohung, die übersetzt bedeutet: «Wenn du es selbst entscheidest, musst du mit allen Konsequenzen leben, weil du nicht auf Mutti gehört hast!»

Also könnte man in der Anfangsphase lieber die positivere Variante nehmen, die lautet: «Du wirst garantiert die perfekte Wahl treffen.»

Und wenn er dann fragt, ob das hier die perfekte Wahl sei, lautet die Antwort: «Was denkst du denn?»

Dann bleibt dem Klammeraffen nur noch übrig, Farbe zu bekennen. In hartnäckigen Fällen könnte er allerdings antworten: «Ich bin mir nicht sicher, deshalb frage ich dich ja!» Dann sollten Sie sich überlegen, ob Sie den Klammeraffen so lassen, wie er ist, und weiterhin alle Entscheidungen für ihn übernehmen oder ob Sie einfach den Raum verlassen und sagen: «Melde dich, sobald du fertig bist.»

Das von sich selbst überzeugte Arschloch

(der Wissenschaft auch als narzisstischer Persönlichkeitstyp bekannt)

Wer kennt es nicht, das von sich selbst überzeugte Arschloch, das sich stets mit charmantem Zahnpastalächeln in den Mittelpunkt stellt, um einem die Welt zu erklären? Oder das von oben herab mit den Augenbrauen zuckt, weil man ja nur einen Opel fährt, und sofort mit dummen Sprüchen wie «Jeder Popel fährt 'nen Opel» kommt, weil es selbst natürlich nur BMW, Mercedes oder Porsche fährt?

Das von sich selbst überzeugte Arschloch ist wahnsinnig gut im Austeilen, aber eine wahre Mimose, wenn es darum geht, Kritik einzustecken. Natürlich würde das von sich selbst überzeugte Arschloch das sofort von sich weisen. Sachlicher Kritik gegenüber sei es immer aufgeschlossen, würde es behaupten, nur um dann sofort zu erklären, warum die sachlichste Kritik gar nicht sachlich gewesen sei, sondern eine persönliche Beleidigung.

Und da haben wir auch schon das Hauptproblem dieses Arschlochtyps: Er kann nicht zwischen Kritik an der Sache und Kritik an seiner eigenen Person unterscheiden. Das von sich selbst überzeugte Arschloch will immer der Beste sein. Egal ob im Sport, im Beruf oder im Privatleben – wenn es nicht an erster Stelle kommt, wird es ungenießbar. Mit Würde zu verlieren fällt ihm unheimlich schwer. Es wird dann sofort haufenweise nach Begründungen suchen, warum das Spiel nicht ausgeglichen war, oder schlichtweg behaupten, es habe den anderen absichtlich gewinnen lassen.

Falls Sie bei derartigen Ausreden sofort an Fußballtrainer denken sollten, liegen Sie gar nicht so verkehrt. Da das von sich selbst überzeugte Arschloch immer in allem der Beste sein will, arbeitet es auch sehr hart. Erfolg ist für diesen Arschlochtyp lebensnotwendig. Er definiert sich ausschließlich über seinen Erfolg. Bleibt der aus, gerät das von sich selbst überzeugte Arschloch in eine echte Lebenskrise und neigt dazu, depressiv zu werden. Im schlimmsten Fall wird es sogar suizidal. In diesem Zusammenhang sind auch die sogenannten «Bilanzselbstmorde» von ehemals erfolgreichen Menschen zu sehen, die durch irgendeinen Umstand alles verloren haben. Der Banker, der pleitegeht und sich lieber erschießt, anstatt noch mal den Arsch hochzukriegen und die Konsequenzen zu ertragen.

Wenn das von sich selbst überzeugte Arschloch tatsächlich der Beste in seinem Tätigkeitsfeld ist, kann es ein durchaus netter Mensch sein. In dem Fall steckt ja wirkliches Können dahinter, und die tief in der Seele verwurzelten Minderwertigkeitskomplexe, unter denen jedes von sich selbst überzeugte Arschloch leidet, sind wirksam bekämpft. Ist es allerdings erfolglos, wird es zu einem sehr unangenehmen, zynischen und missgünstigen Zeitgenossen, der alles schlechtmachen muss. Es wird die Verantwortung niemals bei sich selbst suchen, sondern immer der Umwelt die Schuld geben. Und so schließt sich das erfolglose, von sich selbst überzeugte Arschloch gern Gruppierungen an, die erfolgreicheren Menschen etwas wegnehmen wollen. Im schlimmsten Fall wird es zum Verbrecher, im besten Fall tritt es einer radikalen Partei bei und setzt sich massiv für die Enteignung aller Besitzenden ein. Sobald es ihm gelingen sollte, selbst einen hohen Posten in dieser Partei zu erreichen, wird es richtig unausstehlich. Klassische Beispiele für diesen Arschlochtyp sehen wir in den ehemaligen sozialistisch-kommunistischen Ostblockstaaten. Wenn man sich die Biographien einiger der ehemaligen dortigen Machthaber ansieht, findet man viele markante Züge des von sich selbst überzeugten Arschlochs in seiner negativen Ausprägung. Überhaupt ist die Politik ein beliebtes Spielfeld für diesen Arschlochtyp, denn hier ist Fachwissen zweitrangig – Selbstdarstellung ist alles, und wer aufgrund von äußerlichen

Mängeln nicht das Zeug zum erfolgreichen Filmschauspieler hat, findet dafür in der Politik ein dankbares Publikum.

Wie wird man ein von sich selbst überzeugtes Arschloch?

Natürlich liegen die Ursachen – wie immer – in der Kindheit. Eigentlich sind die künftigen von sich selbst überzeugten Arschlöcher in ihrer frühesten Kindheit und Jugend ganz arme Würstchen. Ihr Problem besteht nämlich darin, dass die Eltern sie nicht um ihrer selbst willen geliebt haben, sondern nur für ihre Leistungen. Ein klassisches Beispiel dafür sind die sogenannten «Wunderkinder», etwa wenn die Eltern bereits zweijährige Mädchen regelmäßig zum Sport schicken, damit sie schon mit zwölf Jahren bei den Olympischen Spielen erwachsene Frauen im Turnen aus dem Feld schlagen und die Goldmedaille nach Hause bringen. Oder kleine Jungs, die bereits mit zwei Jahren Geige spielen lernen und dann mit fünf Jahren von einem Massenpublikum in einem riesigen Konzertsaal vergöttert werden, wenn sie so niedlich jeden erwachsenen Profi an die Wand spielen. Jeder, der diesen Kindern applaudiert, weil er sie so niedlich findet, sollte sich klarmachen, dass er ebenso gut Eier aus Legebatterien kaufen könnte und nicht mehr auf Bioeier achten muss – die Haltung dieser Kinder ist nämlich genauso artgerecht wie die von Batteriehühnern.

Machen wir uns nichts vor – kein Kind übernimmt freiwillig die harte Arbeit, die notwendig ist, um ein Profi zu werden, wenn es nicht dazu gezwungen wird. Aber die Eltern dieser Wunderkinder zwingen die Kinder auf besonders subtile Weise – sie geben ihnen nur dann Anerkennung und Liebe, wenn die Kinder genau das tun, was die Eltern wollen. Ansonsten werden sie mit Vorwürfen oder Nichtbeachtung gestraft. «Willst du, dass Mama traurig ist?», heißt es dann, oder: «Wenn du jetzt nicht Geige übst, habe ich dich nicht mehr lieb!» Oder: «Wir haben alles für dich getan, alles aufgegeben, immer zurückgesteckt, nur damit aus dir mal was wird, und du bist so undankbar!»

Auf diese Weise verinnerlichen diese kleinen Kinder bereits, dass sie nur etwas wert sind, wenn sie etwas leisten. Irgendwann ist das ein Teil ihres Selbstbildes geworden, und nun wollen die Kinder selbst die Besten sein, um daraus Anerkennung zu ziehen. Und so kommt es, dass schon kleine Steppkes im Alter von acht Jahren glaubhaft versichern, dass sie gern und freiwillig jeden Tag neben der Schule noch vier Stunden Geige üben. Diese Kinder meinen es wirklich ernst, denn sie wurden von ihren Eltern so darauf konditioniert, dass sie deren Wertvorstellungen zu ihren eigenen gemacht haben. Sollten sie dann aber irgendwann aus dem «niedlichen Alter» herauswachsen und nur noch einer unter vielen Geigern sein, sind existenzielle Krisen vorprogrammiert. Nicht umsonst zerbrechen viele Kinderstars als Erwachsene, und nur wenige schaffen es, an den ehemaligen Ruhm anzuknüpfen.

Natürlich gibt es dieses Phänomen nicht nur bei Wunderkindern. Viel häufiger ist folgendes Konstrukt: Das künftige, von sich selbst überzeugte Arschloch hat im Kindergarten oder in der Schule eine gute Leistung erbracht. Normale Eltern wären jetzt stolz. Aber die Eltern des künftigen von sich selbst überzeugten Arschlochs sehen nicht die Leistung für sich, sondern nur den Vergleich mit anderen.

Klassische Dialoge lauten: «Was hattest du denn in Mathe?»

«Eine 2+.»

«Aha, und was hatte Lena-Marie?»

«Eine 1–.»

«Und warum hast du keine 1–? Gib dir nächstes Mal gefälligst mehr Mühe!»

Ganz anders wäre dieser Dialog verlaufen, wenn Lena-Marie eine 2– gehabt hätte. Dann wäre das Kind gelobt worden, weil es besser war. Und so lernen diese Kinder, dass ihre Leistungen für sich selbst betrachtet nichts wert sind. Sie sind es nur dann wert, geliebt zu werden, wenn sie besser sind als andere. Egal ob man sich von einer 5 in Mathe auf eine 2 hochgearbeitet hat. Solange es jemanden gibt, der besser ist, ist die Leistung völlig wertlos.

Leider ist dieser Erziehungsstil sehr weit verbreitet, und deshalb steigt die Zahl der von sich selbst überzeugten Arschlöcher rasant an. Die Eltern wollen sich durch ihre Kinder bestätigt sehen und vor den Nachbarn mit ihnen angeben. Die Kinder sollen das leisten, was die Eltern selbst nicht geschafft haben. Man nennt dieses Verhalten auch narzisstischen Missbrauch, und in schlimmen Fällen kann der zu nachhaltigen psychischen Problemen führen. Normalerweise führt er nur dazu, dass man ein weiteres von sich selbst überzeugtes Arschloch in die Welt gesetzt hat, das sich mit Ellenbogen durchsetzen will und immer der Beste sein muss, keine Kritik akzeptieren kann und immer Ausflüchte für eigenes Versagen sucht, denn das hat es schon als Kind gelernt.

Wie geht man mit einem von sich selbst überzeugten Arschloch um?

Was soll man tun, wenn man mit diesem Arschlochtyp zusammenarbeiten muss und eine berechtigte, sachliche Kritik anzubringen hat? Wie verhindert man, dass es tödlich gekränkt wird? Am einfachsten ist da die asiatische Methode – erst mal alles zu loben, was lobenswert ist. Und dann vorsichtig in positiv verbrämten Worten erklären, wie man einen guten Ansatz noch weiter verbessern kann. Für das von sich selbst überzeugte Arschloch ist es wahnsinnig wichtig, sein Gesicht wahren zu können. Und da kommt es auf die Wortwahl an.

Wenn ich sage: «Na ja, finde ich jetzt nicht so gut, du hast da Folgendes übersehen», und dann erst mal alle Fehler aufzähle, kann ich davon ausgehen, dass das von sich selbst überzeugte Arschloch in mir einen neuen Feind sieht.

Wenn ich aber sage: «Das finde ich sehr gut, ich bin echt beeindruckt! In den und den Punkten sehe ich allerdings noch Potenzial, da ist noch mehr drin, dann ist es nicht nur sehr gut, sondern außergewöhnlich und unvergleichlich!», dann bestärke ich das von sich selbst überzeugte Arschloch, noch mal alles zu geben.

Allen, die den Monumentalfilm *Quo Vadis* mit Peter Ustinov in der Rolle des Kaisers Nero kennen, sei die Szene in Erinnerung gebracht, in der Petronius, gespielt von Leo Genn, Nero erklärt, seine Verse seien gewöhnlich und dazu geeignet, in dem Feuer verbrannt zu werden, das sie besingen. Und dann kommt der Clou: Er fügt nämlich hinzu, dass jeder andere Mensch, der diese Verse geschrieben hätte, ein Genie sei, aber Nero als göttlicher Kaiser sei zu Größerem berufen und müsse sich deshalb mehr Mühe geben, weil er Übermenschliches schaffen könne. Und der gute Nero ist zutiefst gerührt über seinen ehrlichen Freund und Kritiker, da in der Kritik ja zugleich ein außergewöhnliches Lob steckt.

Wenn wir das von sich selbst überzeugte Arschloch bei seinem Ehrgeiz packen, tun wir genau das, was seine Eltern immer taten – wir fordern, dass es etwas besser macht. Das kennt es, und so fühlt es sich sicher, denn hier hat es die Kontrolle, da es die Bestätigung bekommt, dass es selbst die gewünschte Perfektion erreichen kann.

Die Stunde der Wahrheit – welcher Arschlochtyp bin ich selbst?

Nachdem Sie nun einiges über Arschlöcher gelernt und sich möglicherweise in der einen oder anderen Eigenheit sogar wiedererkannt haben könnten, folgt jetzt der ultimative Test. Bin ich selbst auch ein Arschloch? Und wenn ja, welcher Typus?

Wenn Sie sich gleich an den Start begeben und diesen Test machen, werden Sie bei manchen der Fragen vielleicht keiner Antwortmöglichkeit zu hundert Prozent zustimmen. Fassen Sie trotzdem den Mut, die Antwort zu wählen, die am ehesten Ihrem Verhalten entsprechen würde – und keine Angst, es sieht Ihnen ja niemand dabei zu, wenn Sie sich für eine Antwort entscheiden, die nicht politisch korrekt ist. Im Übrigen wird der politischen Korrektheit ohnehin zu viel Bedeutung beigemessen. Die meisten Menschen, die etwas in der Welt bewegt haben und erfolgreich waren, wussten ganz genau, wann sie auf die politische Korrektheit gepfiffen haben, weil die ein unnützer Hemmschuh war. Wenn Sie etwas über sich selbst erfahren wollen, bringt es nichts, sich selbst zu belügen.

Anhand dieses Tests werden Sie erfahren, welcher Arschlochtyp bei Ihnen vorherrschend ist. Im Normalfall besteht unsere Persönlichkeit aus einer Mischung von mehreren Charaktertypen, aber es gibt fast immer einen dominanten Zug, der uns sowohl Vorteile als auch Nachteile im Leben bringt. Manche Leute halten uns deshalb für Arschlöcher, genauso wie wir wiederum andere Menschen für noch viel größere

Arschlöcher halten. Wenn man aber um seine eigenen Stärken und Schwächen weiß, ist es viel einfacher, mit unangenehmen Zeitgenossen umzugehen. Für jeden Arschlochtyp gibt es verschiedene Umgangsstrategien, allerdings gibt es keine Patentlösungen, sondern die Strategien müssen auf denjenigen abgestimmt sein, der sie umsetzen soll. Einem schüchternen Menschen zu raten: «Sprich es doch einfach an», bringt gar nichts – genau das kann er ja nicht.

Bitte erwarten Sie keine komplette Psychoanalyse – die dauert nämlich 300 Stunden, von denen jede einzelne Stunde knapp 100 Euro kostet. Und nun überlegen Sie mal, wie oft Sie sich dafür dieses Buch kaufen könnten ...

Bitte schummeln Sie auch nicht, falls Sie sich für eine Antwortmöglichkeit schämen, die aber genau Ihren Charakter widerspiegelt. Wenn Sie befürchten, dass Sie am Ende feststellen müssen, selbst ein Riesenarschloch zu sein, machen Sie den Test trotzdem. Denn allein Ihre Befürchtung beweist, dass Sie kein Arschloch sein wollen, und wer sich ändern will, ist auch kein echtes Arschloch. Nicht mal dann, wenn er Charaktermerkmale besitzt, die ihn dazu befähigen würden, das größte Arschloch aller Zeiten zu werden. Denn ändern kann man sich immer, wenn man seine eigenen Schwächen und Defizite kennt. Die große Kunst besteht darin, die Schwächen, die jedem Persönlichkeitsmerkmal innewohnen, in Stärken umzuwandeln, und dieses Potenzial liegt in jedem Persönlichkeitstypus.

1. **Im Bus herrscht Gedränge, und jemand schnappt Ihnen den letzten Sitzplatz vor der Nase weg. Wie reagieren Sie?**

a) Ich fotografiere den Kerl heimlich mit der Handy-kamera. Vielleicht ist er ein gesuchter Verbrecher, wenn er sich schon hier wie die Axt im Walde benimmt.

b) Kann mir nicht passieren, ich fahre grundsätzlich niemals Bus.

c) Ich reiße ihn vom Sitz, sage ihm, dass er das mit mir nicht machen kann, und setze mich dann selbst.

d) Ich breche in Tränen aus. Irgendwer wird mir dann schon seinen Sitzplatz überlassen und mich trösten.

e) Ich beginne eine Grundsatzdiskussion mit ihm und rede ihn an die Wand, bis er aufsteht, um endlich seine Ruhe zu haben.

f) Ich ignoriere ihn, mal mir im Geiste aber Foltermethoden für ihn aus.

g) Ich nehme es hin. Vermutlich war es sein gutes Recht, ich hätte den Sitzplatz ohnehin nicht verdient.

h) Ich spreche den Fahrgast neben mir an und beginne ein Gespräch über die Verrohung der Gesellschaft.

i Ich ärgere mich still und heimlich, lasse mir aber nichts anmerken.

2. **Sie stehen im Supermarkt an der Kasse, haben es eilig, und vor Ihnen schüttet eine alte Dame ihr gesamtes Kleingeld aufs Laufband und sagt zur Kassiererin: «Ich habe es passend, warten Sie einen Moment.» Was tun Sie?**

a Ich behalte die Kassiererin genau im Blick, damit sie die alte Dame nicht betrügt und zu viel Geld einsammelt.

b Kann mir nicht passieren, ich lasse mir die Einkäufe immer nach Hause liefern.

c Ich drohe der Oma, ihr die Perücke vom Kopf zu reißen, wenn sie nicht sofort den Zwanziger zückt, den ich ganz deutlich gesehen habe, damit hier mal Tempo reinkommt.

d Ich denke an meine eigene Oma und daran, dass sie meinen Bruder immer bevorzugt hat, und breche in Tränen aus.

e Ich imitiere die Oma, um die Kunden hinter mir zu unterhalten. Wenn sie von den anderen genügend ausgelacht wird, macht sie das bestimmt nicht noch einmal.

f Ich sehe mir das Ganze schweigend an und zähle im Geiste die Centstücke mit, die auf dem Laufband liegen, um mich zu beruhigen.

g Ich denke daran, dass ich auch irgendwann mal alt werde, und habe wahnsinnige Angst davor, dann noch gebrechlicher zu sein als diese alte Dame.

h Ich nehme es hin, denn das ist eine alte Frau, die vermutlich ihr Leben lang gearbeitet hat und jedes Recht darauf hat, dass man nun Rücksicht auf sie nimmt.

i Ich denke bei mir, das ist mal wieder typisch – immer an der Kasse, an der ich stehe.

3. **Sie sehen, wie jemand beim Wegwerfen seines Mülls den Eimer nicht trifft und ihn dann einfach liegen lässt. Wie reagieren Sie?**

a Ich spreche ihn sofort darauf an und fordere ihn auf, seinen Müll ordnungsgemäß zu entsorgen.

b Ich kümmere mich grundsätzlich nicht um das, was andere Leute tun.

c Was soll die Frage? Das ist doch ganz normal, passiert mir ständig.

d Ich habe genügend echte Probleme, für so etwas habe ich keine Zeit.

e Ich spreche die übrigen Passanten an und weise sie laut darauf hin, in der Hoffnung, dass der Typ hört, dass wir es gesehen haben, und seinen Müll doch noch aufhebt.

f Ich hebe den Müll auf, um ihn selbst in den Eimer zu werfen.

g Ich tue so, als hätte ich es nicht gesehen.

h Ich glaube, er hat es einfach nicht gesehen und es war keine böse Absicht.

i Ich denke bei mir, was für ein Arschloch, tue aber sonst nichts weiter.

4. **Ihr Nachbar gibt eine große Party, Sie sind der Einzige, der nicht eingeladen wurde. Wie reagieren Sie?**

a Das haben die absichtlich gemacht, um mich zu ärgern! Na wartet, dafür werde ich euch die Polizei auf den Hals hetzen, wenn nicht Punkt 22 Uhr Ruhe ist!

b Ich gehe sowieso nicht auf Partys und bin ganz froh, dass ich nicht eingeladen wurde, denn so brauche ich mir keine Ausrede für mein Fernbleiben zu überlegen.

c Einladung? Habe ich noch nie gebraucht, ich bin überall gern gesehen, wo Stimmung ist.

d Das bestätigt mir nur wieder einmal, dass mich keiner mag und ich nichts tauge.

e Ich klingle an seiner Tür und frage ihn, warum er vergessen hat, mich einzuladen.

f Ich gehe im Geiste alle Begegnungen durch, die wir jemals hatten, und frage mich, wann ich ihn so verärgert habe, dass er mich nicht eingeladen hat.

g Ich bleibe im Haus, schalte das Licht aus und tu so, als wäre ich verreist, damit keiner merkt, dass ich nicht eingeladen wurde.

h Ich frage die Nachbarin von gegenüber, ob sie ihn mal fragen könnte, warum er vergessen hat, mich einzuladen.

i Meine Nachbarn würden nie vergessen, mich einzuladen, und wenn doch, wäre mir sofort klar, dass es nur ein Versehen sein kann.

5. Sie sitzen beim Arzt in der Praxis und warten bereits eine Stunde, obwohl Sie pünktlich zum Termin da waren. Nach Ihnen kommen mehrere andere Patienten, die alle vor Ihnen an die Reihe kommen. Wie reagieren Sie?

a) Das ist unverantwortlich! Dieser Arzt hat zum letzten Mal an mir verdient!

b) Ich nutze die Gelegenheit, in Ruhe die Zeitschriften zu lesen.

c) Eine Stunde? Nach spätestens zwanzig Minuten hätte ich bei den Arzthelferinnen Druck gemacht, damit ich endlich drankomme.

d) Ich hasse den Arzt dafür! Aber er ist der Einzige, der mir helfen kann, und deshalb muss ich wohl oder übel durchhalten.

e) Ich unterhalte mich angeregt mit den anderen Patienten im Wartezimmer und lerne dadurch neue Freunde kennen.

f) Ich lenke mich ab, indem ich mit meinem Smartphone herumspiele.

g) Ich frage mich, ob ich mich in dieser Zeit wohl mit irgendwelchen Krankheiten anstecken könnte und rücke von jedem ab, der so aussieht, als hätte er etwas Gefährliches.

h Ich nehme das so hin, es waren bestimmt Notfälle, die dringend vor mir drankommen mussten.

i Mein Arzt lässt mich nicht unnötig warten, ich bin ihm wichtig.

6. **Ihre Waschmaschine ist defekt, und der Handwerker, der kommt, um sie zu reparieren, trampelt mit matschigen Schuhen in Ihre Wohnung. Wie reagieren Sie?**

a Ich lasse ihn nicht an meine Waschmaschine! Wer so ungepflegt ist, richtet mehr Schaden als Nutzen an.

b Ich lasse ihn erst die Waschmaschine reparieren und danach den Dreck aufwischen.

c Ich sehe das nicht so eng, auf Sauberkeit wird sowieso viel zu viel Wert gelegt.

d Ich stehe vor der Bescherung und weiß nicht so recht, wie ich reagieren soll.

e Ich lasse ihn erst seinen Dreck aufwischen und danach die Waschmaschine reparieren.

f Kann mir nicht passieren, ich lasse Handwerker grundsätzlich erst rein, wenn sie die blauen Schutzüberschuhe angezogen haben, die ich für diesen Fall immer vorrätig habe.

g Ich sage nichts, weil ich ihn nicht verärgern will. Sonst repariert er meine Waschmaschine nachher nicht richtig.

h Während er die Waschmaschine repariert, wische ich den Dreck weg.

i Ich arbeite grundsätzlich nur mit Handwerksfirmen zusammen, die akkurate Leistungen bringen und sich die Schuhe abtreten, bevor sie in die Wohnung kommen.

7. Sie kommen im Urlaub im Hotel an und stellen fest, dass man Ihre Buchung verschlampt hat und kein Zimmer mehr frei ist. Wie reagieren Sie?

a Ich drohe ihnen mit rechtlichen Konsequenzen, wenn man mir nicht auf der Stelle einen angemessenen Ersatz zur Verfügung stellt.

b Ich frage, wo die nächste Wohnmobilvermietung ist, und disponiere einfach um.

c Ich haue ordentlich mit der Faust auf den Tisch und schüchtere die Rezeptionsdame so sehr ein, bis sie mir ein Zimmer besorgt, egal wie.

d Ich lasse meinen ganzen Frust raus und pöbele rum. Wenn das nichts nützt, breche ich in Tränen aus.

e Ich rede so lange auf die Mitarbeiter ein, bis ich bekomme, was ich will. Und wenn es Stunden dauert!

f Ich schau auf meiner App nach, wo im nächsten Umkreis das nächste freie Hotelzimmer ist, und während ich auf mein Taxi warte, verpasse ich diesem Hotel mehrere negative Bewertungen im Internet.

g Kann mir nicht passieren, ich meide Hotels und ziehe Ferienwohnungen vor.

h Ich habe Verständnis dafür, dass Fehler mal passieren können, und nehme das Angebot der Rezeptionistin an, mir ein anderes Hotelzimmer im Nachbarort zu besorgen, auch wenn ich dann zehn Kilometer bis zum Strand laufen muss.

i Ich buche nur in erstklassigen Hotels, auf deren Service ich mich verlassen kann – dafür gebe ich auch gern etwas mehr Geld aus.

8. **Die Klassenlehrerin Ihres Kindes bittet Sie zum Gespräch, da Ihr Kind einen Mitschüler verprügelt hat. Wie reagieren Sie?**

a) Ich bin davon überzeugt, dass mein Kind unschuldig und Opfer einer Verleumdung ist.

b) Ich höre mir an, was die Lehrerin zu sagen hat, äußere mich selbst aber nicht weiter dazu.

c) Ich bin stolz, dass mein Kind sich durchzusetzen weiß.

d) Ich schreie mein Kind an, weil ich mich dafür schäme, dass ich jetzt in der Schule antanzen muss. Danach schreie ich die Lehrerin an, weil sie mein Kind verleumdet.

e) Ich frage mein Kind, was passiert ist, und dann denken wir uns gemeinsam eine Strategie aus, wie wir die Lehrerin besänftigen.

f) Ich erkläre meinem Kind im Beisein der Lehrerin, dass es sich nicht gehört, eine Schlägerei anzufangen, und dass ich nicht möchte, dass so etwas wieder vorkommt, da man sich an Regeln zu halten hat.

g) Ich gehe verschüchtert zum Termin bei der Lehrerin und verspreche ihr, dass ich mit meinem Kind reden werde.

h Ich schicke meine/n Partner/in zur Lehrerin, um mit ihr und unserem Kind zu sprechen.

i Ich ignoriere den Wunsch der Lehrerin, ich bin ein vielbeschäftigter Mensch und habe keine Zeit, mir ihr Gejammer anzuhören, wenn sie nicht in der Lage ist, ihrer pädagogischen Aufgabe nachzukommen.

9. Auf der Arbeit heimst ein Kollege die Lorbeeren für ein Projekt ein, das eigentlich unter Ihrer Federführung entstanden ist. Wie reagieren Sie?

a Ich beschwere mich bei meinem Chef, setze ihm eine Frist, und wenn der nichts tut, wende ich mich an seinen Vorgesetzten und den Personalrat. Ich kenne meine Rechte!

b Ich habe kein Problem damit, sofern wir uns die finanzielle Zulage teilen.

c In solchen Fällen greife ich gern zur Bürointrige, in spätestens sechs Monaten ist er weg vom Fenster.

d Ich schreie den Kollegen an, was ihm einfällt, dann gehe ich zum Chef und breche dort in Tränen aus.

e Ich gehe zum Chef und lege Beweise dafür vor, dass es mein Projekt war und er die Sache bitte richtigstellen möge.

f Ich spreche den Kollegen darauf an, dass ich ein solches Verhalten unkollegial finde und er die Sache bitte richtigstellen möge, weil ich andernfalls rechtliche Schritte einleiten werde.

g So etwas passiert mir öfter. Ich halte den Mund, weil ich mir sicher bin, dass ich ohnehin wie immer den Kürzeren ziehen werde.

h Ich frage meine anderen Kollegen um Rat, was ich tun soll.

i Ich gehe zum Chef und sage ihm, dass ich kündigen werde, wenn er die Sache nicht regelt. Er kann dankbar sein, dass jemand wie ich überhaupt in dieser Firma arbeitet. So etwas muss ich mir nicht bieten lassen.

10. Sie sind mit Ihrem besten Freund verabredet und werden zum dritten Mal in Folge versetzt. Was denken Sie?

a Das macht er absichtlich! Vermutlich will er die Freundschaft beenden, hat aber nicht den Mut, mir ehrlich die Wahrheit zu sagen!

b Das kann schon mal passieren, ich habe damit kein Problem.

c Wenn wir uns das nächste Mal treffen, schuldet er mir dafür ein Bier, um das wiedergutzumachen.

d Ich bin zutiefst enttäuscht! Wie kann er mir das antun?

e Ich überlege mir, mit wem ich mich stattdessen treffen kann, um einen netten Abend zu haben, meine Freundesliste ist sehr lang.

f Ich rufe ihn an und frage ihn nach dem Grund.

g Ich bin ihm vermutlich nicht wichtig genug.

h Ich rufe eine Person meines Vertrauens an und lasse mich am Telefon ausgiebig über die Unzuverlässigkeit meines Freundes aus, um mich abzuregen.

i Kann mir nicht passieren. Spätestens nachdem er mich zum zweiten Mal versetzt hätte, wären wir geschiedene Leute gewesen.

11. Hand aufs Herz – würden Sie im öffentlichen Nahverkehr jemals schwarzfahren?

a Ist das eine Fangfrage? Dazu äußere ich mich nicht.

b Nein, denn ich fahre ohnehin so gut wie nie mit öffentlichen Verkehrsmitteln.

c Ja, ich hätte damit kein Problem.

d Vielleicht.

e Nur wenn es dafür einen guten Grund gäbe.

f Nein, so etwas würde ich aus Prinzip nicht tun.

g Nein, ich hätte zu große Angst, erwischt zu werden.

h Nein, ich habe eine Monatskarte.

i Nein, ich habe sogar eine Monatskarte für die 1. Klasse.

12. Sie sind im Kino, und neben Ihnen isst jemand so laut Popcorn, dass Sie kaum etwas vom Film verstehen können. Was tun Sie?

a) Ich bin mir sicher, dass der Typ das absichtlich macht, um mich zu ärgern, nachdem ich bereits zweimal «Psst» gemacht habe.

b) Ich wechsle wenn möglich den Sitzplatz.

c) Wenn er auf mein erstes «Psst» nicht reagiert, greife ich ungefragt in seine Popcorntüte und helfe ihm, das Popcorn zu essen, damit schneller Ruhe herrscht.

d) Ich zische ihm zu, dass er ruhig sein soll, und wenn er darauf nicht reagiert, schreie ich ganz laut, dass er endlich leise fressen soll.

e) Ich frage ihn, ob es schmeckt, und nehme dankbar an, falls er mir etwas anbietet.

f) Ich bitte ihn höflich, etwas weniger zu knistern, weil ich den Film sonst nicht verstehen kann.

g) Ich versuche es zu ignorieren.

h) Ich verwickle meinen Nachbarn in ein Gespräch darüber, dass neue Forschungsergebnisse gezeigt haben, dass Popcorn krebserregend ist.

i) Ist mir wurscht. Meine Popcorntüte ist größer.

13. Sie fahren auf einer dreispurigen Autobahn auf der mittleren Spur mit der erlaubten Höchstgeschwindigkeit von 120 km/h. Vor Ihnen schert ein Lkw zum Überholen aus. Sie wechseln auf die linke Spur, als hinter Ihnen plötzlich ein Porsche auftaucht, der Sie mit der Lichthupe bedrängt. Wie reagieren Sie?

a Ich notiere mir seine Nummer und zeige ihn wegen Nötigung an.

b Ich beachte ihn nicht weiter, sondern schließe meinen Überholvorgang in Ruhe ab.

c Ich bremse den Pisser aus! Der soll sich mit seinem Porsche nicht so dicke tun.

d Ich schimpfe laut vor mich hin, was das für ein Arschloch ist, fahre dann aber doch so schnell wie möglich rechts ran, um ihn vorbeizulassen.

e Ich schalte die Warnblinkanlage kurz an, um ihn zu erschrecken.

f Ich behalte meine Geschwindigkeit konstant bei und nutze meinerseits die Lichthupe, um ihn beim nächsten Tempolimit-Schild darauf aufmerksam zu machen, dass ich bereits mit der erlaubten Höchstgeschwindigkeit fahre.

g Ich fahre sofort rechts ran und lasse ihn vorbei, auch wenn ich meinen eigenen Überholvorgang noch gar nicht abgeschlossen habe.

h Ich weise meinen Beifahrer auf das Arschloch hinter uns hin und frage ihn, was er mir empfiehlt.

i Ich schau mich kurz um, ob irgendwo eine Polizeistreife ist, und falls das nicht der Fall ist, beschleunige ich meinen BMW und zeige diesem albernen Porschefahrer mal, was richtige Geschwindigkeit ist!

14. **Sie sind im Urlaub im Ausland von Ihrer Reisegruppe getrennt worden und haben sich verlaufen. Leider sprechen Sie die Landessprache nicht. Was tun Sie, um zum Hotel zurückzufinden?**

a Ich bin mir sicher, dass das Absicht war, weil ich mich gestern über den Schimmel im Bad beschwert habe. Ich rufe mir ein Taxi und lasse mich zum Hotel zurückbringen, die Rechnung dafür kriegt der Reiseveranstalter.

b Ich nutze die Gelegenheit, die Gruppe endlich los zu sein, und erkunde erst mal auf eigene Faust den Ort. Um alles andere kann ich mich später kümmern.

c Ich geh in die nächste Kneipe, spüle den Ärger runter und hoffe, dass da bald noch andere deutsche Touristen auftauchen, die den Weg kennen.

d Ich rufe laut nach den Mitgliedern der Reisegruppe. Wenn sie mich nicht mehr hören, breche ich in Tränen aus und bleibe am Wegesrand sitzen, bis jemand kommt, um mir zu helfen.

e Ich spreche die Einheimischen an und frage notfalls auch mit Händen und Füßen nach dem Weg.

f Ich ziehe meinen Stadtplan hervor, den ich auf Reisen grundsätzlich bei mir trage, und suche mir den Weg selbst.

g Ich habe Hemmungen, die Einheimischen anzusprechen, weil ich mich schäme, mit Händen und Füßen zu reden, und gehe deshalb in das nächste Geschäft, wo ich um einen Zettel und Papier bitte, die Adresse des Hotels aufschreibe und drei Fragezeichen dahintersetze.

h Das kann mir nicht passieren, ich bin ein Herdentier und verliere nie den Anschluss an eine Gruppe.

i Ich gebe die Adresse des Hotels in das Navi meines neusten iPhone-Modells ein und bin noch vor der Reisegruppe zurück.

Auswertung des Tests

So, Sie haben den Test erfolgreich abgeschlossen und sind jetzt neugierig auf Ihr Ergebnis?

Bitte zählen Sie, wie oft Sie jeden einzelnen Buchstaben angekreuzt haben.

Wenn Sie einen Buchstaben nur einmal oder gar nicht angekreuzt haben, ist das entsprechende Persönlichkeitsmerkmal bei Ihnen nicht vorhanden.

Haben Sie einen Buchstaben zwei- bis fünfmal angekreuzt, haben Sie erkennbare Anzeichen dieser Persönlichkeit, ohne dass sie Ihren Charakter dominiert.

Haben Sie einen Buchstaben sechsmal und häufiger angekreuzt, ist das Ihr dominierender Charakterzug.

Haben Sie zwei verschiedene Buchstaben sechsmal oder häufiger angekreuzt, sind Sie ein Mischtyp aus diesen beiden Charaktermerkmalen.

Haben Sie kein Merkmal häufiger als fünfmal gewählt, sind Sie ein Mischtyp aus allen Merkmalen, die sie zwischen zwei- und fünfmal angekreuzt haben.

Persönlichkeitstyp (a)

Hierbei handelt es sich um die *paranoide oder auch querulatorische Persönlichkeit*, die Sie bereits als Querulanten kennengelernt haben. Sie zeichnet sich in ihrer Reinform durch übertriebene Empfindlichkeit gegenüber Zurückweisung aus, dem

Nachtragen von Kränkungen, aber auch durch Misstrauen sowie eine Neigung, Erlebtes zu verdrehen, indem neutrale oder freundliche Handlungen anderer als feindlich oder verächtlich wahrgenommen werden. In ihrer Reinform sind Menschen mit dem Persönlichkeitstyp (a) keine besonders umgänglichen Zeitgenossen, da sie ihren Mitmenschen grundsätzlich das Schlechteste unterstellen und dadurch im Gegenüber sehr schnell eine Abwehrhaltung erzeugen. Im Auge des Betrachters sind paranoid-querulatorische Persönlichkeiten oft die typischen Arschlöcher. Sollten Sie die Lösung (a) mehr als neunmal angekreuzt haben, haben Sie und Ihre Umwelt vermutlich ständig irgendwelche Fehden und Streitigkeiten, und Sie sind ein isolierter Einzelgänger, der sich von der Welt verfolgt und missverstanden fühlt, ohne zu merken, dass er im Auge der anderen selbst ein Arschloch ist. Möglicherweise gründen Sie auch eine politische Partei und sammeln Gleichgesinnte um sich und wundern sich dann, warum Sie mit Ihrer Gruppierung ständig Shitstorms ernten, obwohl Sie die Welt doch nur vor lauernden Gefahren warnen wollen. Aber das belastet Sie kaum – Sie sind sich sicher, dass die anderen schon sehen werden, was sie davon haben, wenn sie nicht auf Sie hören.

Allerdings hat es auch Vorteile, wenn man einen gewissen Anteil dieser Persönlichkeitsstruktur in sich trägt, ohne dass dieser übermäßig dominiert. Ein gesundes Misstrauen ist besser als blindes Vertrauen, und manchmal kann es hilfreich sein, sein Recht energisch durchzusetzen, um sich nicht unterbuttern zu lassen. Wenn Sie das Merkmal (a) bis zu fünfmal angekreuzt haben und noch genügend andere ausgleichende

Persönlichkeitszüge in Ihrem Charakter finden, sind Sie zwar kein unbedingt einfacher Zeitgenosse, aber jemand, der sich durchzusetzen weiß und Erfolg im Leben hat.

Wenn Sie das Merkmal sechs- bis neunmal angekreuzt haben, heißt es Obacht! Sie müssen dringend auf Ihre ausgleichenden Persönlichkeitsanteile achten und diese fördern, damit Sie nicht auf Dauer zu einem missgünstigen Arschloch werden und Ihre Zeit damit verschwenden, Verschwörungstheorien bei Facebook unter die Leute zu bringen, oder den Gruppierungen beitreten, die ein paranoid-querulatorischer Persönlichkeitstyp in Reinausprägung gegründet hat.

Persönlichkeitstyp (b)

Dies ist die *schizoide Persönlichkeit*, die Sie bereits als «Eigenbrötler» kennengelernt haben. Bitte verwechseln Sie diese Bezeichnung nicht mit der Krankheit Schizophrenie – beides hat nichts miteinander zu tun.

Der schizoide Charakter zeichnet sich durch einen Rückzug von gefühlsbetonten, sozialen und anderen Kontakten aus sowie durch eine übermäßige Vorliebe für Phantasie, einzelgängerisches Verhalten und in sich gekehrte Zurückhaltung. In der Reinform besteht nur ein begrenztes Vermögen, Gefühle auszudrücken und Freude zu erleben.

Sollten Sie die Lösung (b) mehr als neunmal angekreuzt haben, sind Sie vermutlich ein sehr zurückgezogener Mensch, der den Kontakt zur Außenwelt überwiegend durch die sozialen Netzwerke, das Telefon und den Fernseher hält. Auf Partys und bei geselligen Anlässen wird man Sie kaum finden. Sie würden sich bestimmt auch als Eremit in der Natur wohlfühlen, solange Sie dort einen Internetanschluss haben, denn so ganz wollen Sie natürlich nicht auf soziale Kontakte verzichten, aber doch immer kontrollierbar, schließlich brauchen Sie viel Zeit für sich selbst. Möglicherweise arbeiten Sie auch als Freiberufler in einem kreativen Beruf.

Sollten Sie die Lösung (b) bis zu fünfmal angekreuzt haben, sind Sie vermutlich ein sehr kreativer, phantasievoller Mensch, der aber auch seinen Freiraum schätzt und nur dann auf Partys geht, wenn es ihm wirklich wichtig ist. Jedes Wochenende Remmidemmi würde Sie auf Dauer überfordern. Zudem legen Sie eine gewisse Gelassenheit an den Tag, Ihre Kreativität und Phantasie sind Ihr bester Schutz, um sich gegen die Unbilden des Alltags abzugrenzen.

Sollten Sie die Lösung (b) sechs- bis neunmal angekreuzt haben, heißt es Vorsicht! Wenn Sie nicht entsprechende andere ausgleichende Charaktermerkmale in ausreichender Zahl haben, könnten Sie leicht den Bezug zur realen Welt verlieren und Ihre Eindrücke nur noch aus der vorgefilterten Welt des Internets oder des Fernsehens beziehen. Allerdings würde es Sie vermutlich nicht stören, weil Sie ohnehin in ganz anderen Sphären schweben.

Persönlichkeitstyp (c)

Dies ist die *dissoziale Persönlichkeit*, die Sie bereits als das klassische Riesenarschloch kennengelernt haben. Sie zeichnet sich durch eine Missachtung sozialer Verpflichtungen und der Gefühle für andere aus. Zwischen dem eigenen Verhalten und den herrschenden sozialen Normen besteht ein erheblicher Kontrast. Menschen mit diesem Persönlichkeitstyp haben eine geringe Frustrationstoleranz und eine niedrige Schwelle für aggressives und teils auch gewalttätiges Verhalten. Zudem neigen sie dazu, andere zu beschuldigen oder billige Ausreden für das Verhalten anzubieten, durch das sie in einen Konflikt geraten sind.

Sollten Sie die Lösung (c) mehr als neunmal angekreuzt haben, sitzen Sie vermutlich im Gefängnis oder sind gerade auf Bewährung draußen. Möglicherweise sind Sie aber auch Manager einer Bank, Politiker oder Fußballfunktionär. Auf jeden Fall sind Sie kein angenehmer Zeitgenosse und haben das Potenzial zum Super-Arschloch. Aber das ist Ihnen vermutlich längst bekannt, weil Sie Spaß daran haben, andere zu unterdrücken und zu drangsalieren – ob Sie im Gefängnis sitzen oder Karriere machen, hängt einzig von Ihrer Intelligenz ab.

Sollten Sie die Lösung (c) bis zu fünfmal angekreuzt haben, können Sie allerdings durchaus von den positiven Aspekten profitieren. Eine gewisse Rücksichtslosigkeit kann beim Erreichen seiner Ziele nützlich sein, sofern man sich innerhalb der sozialen Normen bewegt. Aggression ist nicht grundsätzlich schlecht, sondern oft notwendig, um zu überleben. Sie muss nur in entsprechenden Bahnen kanalisiert werden. Ein guter Fußballspieler darf beispielsweise nicht nur fair sein, er braucht in den Zweikämpfen auch einen gewissen Biss, um sich durchzusetzen.

Sollten Sie die Lösung (c) sechs- bis neunmal angekreuzt haben, heißt es Vorsicht! Wenn Sie keine abschwächenden Charaktermerkmale haben, laufen Sie Gefahr, zu einem sehr unangenehmen Zeitgenossen zu werden und regelmäßig mit Ihrer Umwelt oder gar dem Gesetz in Konflikt zu geraten. Überprüfen Sie genau, in welchen Situationen Sie dazu neigen, aus der Haut zu fahren, und arbeiten Sie an sich.

Persönlichkeitstyp (d)

Dies ist der *emotional-instabile Persönlichkeitstypus*, den Sie bereits als «unberechenbaren Gefühlschaoten» kennengelernt haben. Dieser Typus ist dadurch definiert, dass er Impulse ohne Berücksichtigung von Konsequenzen ausagiert. Es besteht eine Neigung zu launenhaften, emotionalen Ausbrüchen. Ferner besteht eine Tendenz zu streitsüchtigem Verhalten und zu Konflikten mit anderen, ohne dass dies die Qualität des dissozialen Persönlichkeitstypus erreicht. Aggressionen werden eher gegen sich selbst als gegen andere gerichtet.

Sollten Sie die Lösung (d) mehr als neunmal angekreuzt haben, haben Sie mit ziemlicher Sicherheit bereits eine Psychotherapie hinter sich, da Sie sehr unter Ihrem Verhalten leiden und Ihre Gefühle und Emotionen gern besser steuern würden. In der Außenwahrnehmung werden Sie als bemitleidenswerter Mensch wahrgenommen, der Hilfe und Fürsorge braucht, aber es gibt auch andere, die Sie für ein launisches Arschloch halten, dem sowieso nicht mehr zu helfen ist, weil es Ihnen schwerfällt, Vertrauen zu Mitmenschen aufzubauen.

Zudem reagieren Sie sehr schnell gekränkt auf Zurückweisungen, ganz gleich, wie gut die begründet sind, weil Sie befürchten, dass man Sie nicht mehr liebt.

Sollten Sie die Lösung (d) bis zu fünfmal angekreuzt haben, stehen Sie sich im Leben manchmal selbst im Weg, können dies aber durch andere Charakterzüge ausgleichen – es sei denn, Sie haben (a) und (c) als weitere dominierende Charakterzüge. Dann haben Sie ein echtes Problem und sollten sich – sofern Sie es noch nicht getan haben – psychotherapeutische Hilfe suchen. Der große Vorteil, von dem Sie bei geringer Ausprägung dieses Charaktermerkmals profitieren können, ist Ihre Emotionalität, die beim Gegenüber sehr schnell Anteilnahme und Mitgefühl erzeugt. Wenn Sie es nicht übertreiben, werden Sie mit Ihrer Art immer sehr schnell Menschen finden, die Ihnen helfen. Unbewusst schaffen Sie es, das Kindchenschema perfekt zu bedienen, sodass Ihre Mitmenschen Ihnen gegenüber sehr schnell den Brutpflegeinstinkt verspüren und sich rührend um Sie kümmern.

Sollten Sie Lösung (d) sechs- bis neunmal angekreuzt haben, heißt es vorsichtig sein. Übertreiben Sie es nicht, wenn Sie auf den Brutpflegeinstinkt der Mitmenschen hoffen, denn jedes Küken muss irgendwann flügge werden, und jede Hilfe hat ihre Grenzen. Wenn Sie keine abmildernden Persönlichkeitsmerkmale haben, könnten Sie auf Ihr Gegenüber sonst irgendwann wie ein lästiges, weinerliches Arschloch wirken, dem man eh nichts recht machen kann und das ganz schnell von der Freundesliste gestrichen wird.

Persönlichkeitstyp (e)

Dies ist die *histrionische Persönlichkeit*, die Sie bereits als die «Diva» unter den Arschlöchern kennengelernt haben. Histrionisch leitet sich vom altgriechischen Wort für Schauspieler ab, und so ist dieser Persönlichkeitstyp durch eine Dramatisierung und einen theatralischen, übertriebenen Ausdruck von Gefühlen und ein dauerndes Verlangen nach Anerkennung, äußeren Reizen und Aufmerksamkeit gekennzeichnet.

Wenn Sie die Antwortmöglichkeit (e) mehr als neunmal angekreuzt haben, sind Sie vermutlich in irgendeiner Weise im kreativen Gewerbe tätig – sei es als Schauspieler, Künstler oder Politiker. Vielleicht sind Sie auch nur in Ihrer Freizeit kreativ, kümmern sich um Vereine, ehrenamtliche Tätigkeiten und organisieren Wohltätigkeitsbälle. Dabei geht es Ihnen allerdings nicht so sehr um die Sache an sich, sondern vielmehr darum, wie Sie sich selbst in Szene setzen können, um Anerkennung für Ihre Leistung zu bekommen. (Als echte Diva werden Sie das jetzt natürlich abstreiten und vehement betonen, dass es Ihnen grundsätzlich nur um die gute Sache geht.)

Wenn Sie die Antwort (e) bis zu fünfmal angekreuzt haben, sind Sie jemand, der sich gut in Szene zu setzen weiß, ohne dabei allzu aufdringlich zu sein. Sie sind hilfsbereit und arbeiten in den Ehrenämtern nicht für Geld, sondern Ihnen genügt die Anerkennung, die Sie damit ernten. Sie sind in Ihrem Beruf geschätzt und in der Lage, Ihre Leistung angemessen zu präsentieren, sodass Ihnen niemand die Butter vom Brot nimmt. Ein angemessener Persönlichkeitsanteil von (e) ist sehr förderlich bei der Karriere und auch im privaten Umfeld. Lampenfieber kennen Sie nicht, Sie sind von dem, was Sie darstellen, überzeugt und können andere Menschen mitreißen.

Sollten Sie Antwort (e) sechs- bis neunmal angekreuzt haben, genießen Sie es sehr, im Mittelpunkt zu stehen, und müssen aufpassen, dass Sie nicht süchtig danach werden und darüber hinweg die eigentliche Aufgabe, für die Sie sich eingesetzt haben, vergessen.

Persönlichkeitstyp (f)

Dies ist der *zwanghafte Persönlichkeitstypus*, den Sie bereits als das «bürokratische Arschloch» kennengelernt haben. Er zeichnet sich in seiner Reinform durch Gefühle von Zweifel, Perfektionismus, übertriebener Gewissenhaftigkeit und ständigen Kontrollen aus. Für diesen Typus ist das Einhalten von Regeln lebensnotwendig. Er würde niemals bei Rot über die Straße gehen, nicht mal dann, wenn die Apokalypse hinter ihm läge und er der letzte lebende Mensch auf Erden wäre. Regeln sind eben dazu da, eingehalten zu werden.

Sollten Sie Antwort (f) mehr als neunmal angekreuzt haben, sind Sie ein perfektionistischer Spießbürger vor dem Herrn. Sie achten darauf, dass Ihre Nachbarn den Müll trennen, und weisen sofort auf die Einhaltung der Hausordnung hin. Eine Aufgabe erledigen Sie perfekt und gewissenhaft, allerdings kann Ihnen Ihre Perfektion dabei manchmal im Weg stehen, wenn Sie einfach nicht loslassen können, weil es noch immer nicht perfekt ist. Wenn Sie keine anderen Persönlichkeitsmerkmale haben, wie z. B. (e), den histrionischen Typus, der auch mal improvisieren und loslassen kann, könnte sich Ihre Persönlichkeitsstruktur schnell als hinderlich und karrierebremsend entpuppen. Sie sind in Reinform der geborene Beamte. Und Sie brauchen auch so lange wie der typische deutsche Beamte aus den klassischen Witzen. Sie würden niemals von einer Regel abweichen und fünf gerade sein lassen. Kurzum – Sie wären für Ihre Umwelt ein ziemliches Arschloch.

Sollten Sie (f) bis zu fünfmal angekreuzt haben, sieht es schon ganz anders aus. Da Sie genügend abmildernde andere Charakterzüge haben, hilft Ihnen diese Zwangsstruktur, schnell und effizient Aufgaben zu erledigen, da Sie sehr schnell erkennen, welche Regeln unabänderlich sind, sodass Sie keine Kraft damit verlieren, gegen das Regelwerk zu kämpfen, sondern im angemessenen Rahmen pragmatisch Ihre Aufgaben abarbeiten. Zusammen mit histrionischen, schizoiden oder dissozialen Charakterzügen in geringer Ausprägung können zwanghafte Charaktermerkmale von Vorteil sein und Ihnen helfen, auf der Karriereleiter ganz nach oben zu klettern.

Sollten Sie (f) sechs- bis neunmal angekreuzt haben, ist es sehr von Ihren übrigen Charaktermerkmalen abhängig, ob Sie davon einen Vorteil oder einen Nachteil haben. Am besten wird die Zwanghaftigkeit durch schizoide und histrionische Züge abgemildert, aber auch eine gewisse dissoziale Ader kann hilfreich sein – allerdings heißt es dann Vorsicht: Zwanghaft und dissozial ist die perfekte Mischung für erfolgreiche Wirtschaftskriminelle. Und das sind echte Arschlöcher.

Persönlichkeitstyp (g)

Hierbei handelt es sich um den *ängstlichen Persönlichkeitstypus*, den Sie bereits als das «feige Arschloch» kennengelernt haben. Typisch für diesen Typus in seiner Reinform sind Gefühle von Anspannung und Besorgtheit, Unsicherheit und Minderwertigkeit. Es besteht eine andauernde Sehnsucht nach Zuneigung. Die betreffende Person neigt zur Überbetonung potenzieller Gefahren oder Risiken alltäglicher Situationen, was bis zur Vermeidung bestimmter Aktivitäten führen kann.

Sollten Sie (g) mehr als neunmal angekreuzt haben, wurde der Begriff Angsthase vermutlich erfunden, um Sie zu beschreiben. Sie fürchten sich vor allem, und die Angst bestimmt Ihr Leben. Ihr Motto lautet: «Was schiefgehen kann, geht schief, und es wird mich treffen!» Um das zu verhindern, neigen Sie dazu, sich sozial zurückzuziehen, sind aber gleichzeitig auch ein dankbares Opfer für Verschwörungstheorien aller Art, sofern die heraufbeschworene Gefahr nur dramatisch genug ist. Auf Demonstrationen gegen irgendeine dieser Gefahren wird man Sie allerdings nicht finden, denn Sie wissen, was auf Demonstrationen alles Schlimmes passieren kann, zum Beispiel, dass man sich mit einer Grippe infizieren oder in eine gewalttätige Auseinandersetzung mit der Polizei oder Gegendemonstranten geraten könnte. Kurzum – einen Großteil Ihres Lebens verbringen Sie in Ihren vier Wänden und verfolgen die Gefahren im Fernsehen oder im Internet aus sicherer Distanz.

Sollten Sie (g) bis zu fünfmal angekreuzt haben, überwiegen die Vorteile dieser Persönlichkeitsstruktur, sofern Sie nicht daneben einen Schwerpunkt bei Persönlichkeit (a) haben – dann hätten Sie ein Problem: Paranoid und ängstlich ist eine ausgesprochen unschöne Mischung, die einem wirklich jede Lebensqualität raubt und einen schon mal in die Nähe von Selbstmordgedanken treiben kann. Wenn Sie jedoch ausreichend histrionische, dissoziale oder narzisstische Züge in sich tragen, kann dieser Charakterzug von Vorteil sein, denn eine gesunde Portion Angst schützt vor Selbstüberschätzung oder gewalttätigen Auseinandersetzungen. Angst in gesundem Maße bedeutet Vorsicht und Vorausschau – und ist damit etwas Positives.

Sollten Sie Merkmal (g) sechs- bis neunmal angekreuzt haben, ist es wichtig, dass Sie sich immer wieder mit Ihrer Umwelt abgleichen. Ist die Situation wirklich gefährlich, oder spielt sich die Gefahr nur in Ihrem Kopf ab? Glauben Sie nicht alles, was in der Zeitung steht oder im Fernsehen und Internet unter die Leute gebracht wird.

Persönlichkeitstyp (h)

Hierbei handelt es sich um den *klammernd-abhängigen Persönlichkeitstyp*, den Sie bereits als «Klammeraffen» kennengelernt haben. Menschen mit diesem Persönlichkeitstyp verlassen sich bei kleineren oder größeren Lebensentscheidungen gern passiv auf andere Menschen. Sie leiden zudem unter Trennungsangst, Gefühlen von Hilflosigkeit und Inkompetenz und haben eine Neigung, sich den Wünschen anderer Menschen unterzuordnen. Bei Schwierigkeiten neigen sie dazu, die Verantwortung anderen zuzuschieben.

Sollten Sie Antwort (h) mehr als neunmal angekreuzt haben, sind Sie vermutlich jemand, der emotional (und oft genug auch finanziell) komplett vom Partner abhängig ist. Sollten Sie Single sein, klammern Sie sie sich an Ihre Freunde und Verwandten. Sie brauchen für jede Kleinigkeit einen Rat und treffen keine Entscheidung, ohne sich nicht mindestens zweimal rückversichert zu haben, ob das auch in Ordnung ist. Sollten Sie einen großen Bekanntenkreis haben, mag das Klammern nicht so auffallen, weil Sie immer wieder unterschiedliche Menschen involvieren, aber wenn Sie nur wenige vertraute Personen um sich haben, führen Sie Ihre Freunde oder Ihren Partner schnell an die Grenze der Belastbarkeit und werden irgendwann als lästiges, klammerndes Arschloch empfunden, das einfach nicht in der Lage ist, sich selbst auf die Hinterbeine zu stellen und für sich zu sorgen. Das übermäßige Klammern aus Angst vor Zurückweisung und Einsamkeit führt dann genau zu dem, was Sie fürchten – Sie stehen plötzlich allein da. Um das zu verhindern, neigen Sie als Persönlichkeitstyp (h) in der Reinform dazu, sich den anderen im Gegenzug komplett unterzuordnen. Sie tun, was man von Ihnen verlangt, damit man Sie nicht verlässt. Allerdings mit einer entscheidenden Ausnahme – das Klammern können Sie einfach nicht lassen, auch wenn das der einzige Wunsch wäre, den Ihr Partner an Sie hätte. Lieber putzen Sie für ihn, laden ihn zum Essen ein, überlassen ihm die komplette Bettdecke in der Nacht und frieren. Aber Sie müssen das Gefühl haben, dass er immer noch da ist.

Sollten Sie die Antwort (h) bis zu fünfmal angekreuzt haben, überwiegen die positiven Eigenschaften. Sie sind teamfähig, weil Sie sich mit anderen abgleichen und Wert darauf legen, nicht aus der Gruppe auszuscheren, aber Sie haben genügend andere Charaktermerkmale, die ausgleichend wirken, Ihnen eine gewisse Selbständigkeit erlauben und übermäßiges Klammern verhindern.

Sollten Sie die Antwort (h) sechs- bis neunmal angekreuzt haben, heißt es wieder Vorsicht. Sie balancieren auf dem schmalen Grat zwischen Teamfähigkeit und der Gefahr, ausgenutzt zu werden. Auf der anderen Seite suchen Sie nach Halt und sind gern bereit, sich Anweisungen zu unterwerfen. Wenn Sie Berufssoldat sind, sind Sie der ideale Untergebene – Sie gehören einer großen Gruppe an, die Sie schützt und die Ihnen sagt, was zu tun ist. Sie müssen nicht selbst denken, sondern nur Befehle ausführen und bekommen dafür auch noch Anerkennung. Schwierig wird es, wenn Sie in der Befehlshierarchie aufsteigen und plötzlich selbst Befehle geben sollen. Das ist nicht so sehr Ihre Stärke, außer Sie haben noch einen Vorgesetzten über sich, den Sie fragen können. Dann ist alles in Butter, und Sie werden für Ihre Loyalität geschätzt.

Auch in Behörden oder anderen, hierarchisch strukturierten Einrichtungen können Sie Karriere machen, aber Sie können es maximal bis zum Stellvertreter des Chefs schaffen. Chef selbst ist eine Nummer zu groß für Sie.

Persönlichkeitstyp (i)

Dies ist der *narzisstische Persönlichkeitstyp*, den Sie bereits als das «von sich selbst überzeugte Arschloch» kennengelernt haben. Menschen mit diesem Persönlichkeitstypus sind stark auf sich selbst konzentriert und stets darum bemüht, anderen zu imponieren. Klassisch für die Reinausprägung dieses Persönlichkeitstyps ist die Unfähigkeit, zwischen Kritik an der Sache und Kritik an der Person zu unterscheiden. Alles wird auf sich selbst bezogen, im Guten wie im Schlechten, was wiederum dazu führt, dass Menschen mit der narzisstischen Reinausprägung schnell für arrogante Arschlöcher gehalten werden, die keine Kritik vertragen.

Sollten Sie Antwort (i) mehr als neunmal angekreuzt haben, sind Sie entweder sehr erfolgreich im Leben oder aber grandios gescheitert. Dazwischen gibt es kaum etwas. Sie ziehen Ihre Anerkennung aus Ihrer Leistung. Wer Ihre Leistung lobt, lobt auch Sie, wer irgendetwas kritisiert, und sei es auch noch so berechtigt oder gut gemeint, ist gegen Sie und wird als missgünstiger Neider oder sonstiger Feind abgestempelt. Ihnen fehlt die Möglichkeit, konstruktive Kritik anzunehmen und im Rahmen der Verbesserung umzusetzen. Deshalb scheitern auch so viele Narzissten in Reinausprägung. Es fällt ihnen schwer, gutgemeinte Ratschläge anderer anzunehmen und nicht als tödliche Beleidigung aufzufassen.

Sollten Sie die Antwort (i) bis zu fünfmal angekreuzt haben, überwiegen die positiven Aspekte dieses Persönlichkeitstyps. Sie sind von sich selbst überzeugt und können aus Ihrer Leistung Anerkennung ziehen, aber Sie sind, auch wenn es manchmal schwerfällt, in der Lage, mit konstruktiver Kritik umzugehen, selbst wenn Sie zunächst drei Tage grummeln, ehe Sie sich selbst eingestehen können, dass vielleicht etwas Wahres dran ist. Dadurch packt Sie der Ehrgeiz, es jetzt noch besser zu machen. Menschen mit einem moderaten Anteil dieses

Persönlichkeitstyps sind im Leben sehr erfolgreich, da es für sie auch ein persönliches Anliegen ist, durch gute Leistungen Anerkennung zu erfahren.

Sollten Sie die Antwort (i) sechs- bis neunmal angekreuzt haben, heißt es Obacht – Sie stehen nahe an der Grenze zwischen gesundem und pathologischem Narzissmus. Sind Sie in der Lage, Kritik auch als konstruktiv wahrzunehmen, oder sind Kritiker prinzipiell missgünstige Arschlöcher, die Ihre Arbeit schlechtmachen wollen? Wenn Sie keine ausgleichenden Persönlichkeitsmerkmale haben, laufen Sie Gefahr, sich zu einem arroganten Arschloch zu entwickeln. Sollten Sie ein bekannter Künstler oder eine berühmte Schauspielerin sein, ist das egal, dann wird man Ihnen Ihre Marotten verzeihen. Selbst als Politiker können Sie damit noch Karriere machen, wenn Sie von Talkshow zu Talkshow reisen, Ihre Meinung eloquent vertreten und zugleich Ihre Kritiker mitleidlos in den Boden stampfen. Allerdings sollten Sie Berufe, in denen es auf Teamfähigkeit ankommt, lieber meiden, denn da werden Sie ganz schnell als kritikunfähiges, arrogantes, besserwisserisches Arschloch abgestempelt. Das funktioniert allenfalls dann, wenn Sie der Chef sind. Dann halten Sie zwar auch alle für ein Arschloch, aber keiner hat den Mut, es Ihnen ins Gesicht zu sagen.

Welche Arschlöcher passen gut zusammen?

Jetzt wissen Sie also, welcher Typ Arschloch Sie selbst sind oder zumindest, aus welchen Arschlochtypen sich Ihr Charakter zusammensetzt. Sollten Sie der Meinung sein, das träfe auf Sie alles gar nicht zu, da Sie kein Arschloch sind, halten Sie sich getrost an die Ratschläge für das von sich selbst überzeugte Arschloch. Seien Sie versichert – wenn Sie das tun, wird es schon passen.

Manche Leute studieren begeistert Ratgeber über Sternzeichen, um herauszufinden, ob ihr Schwarm tatsächlich zu ihnen passt. Dabei wäre es von viel entscheidenderer Bedeutung, rechtzeitig zu erkennen, was für ein Arschloch der Schwarm ist.

Wenn Sie also bei der Partnerwahl auf Nummer sicher gehen wollen, sollten Sie gemeinsam mit Ihrem oder Ihrer Auserwählten den Arschlochtest machen (natürlich jeder für sich, damit man sich nicht gegenseitig beschummelt) und dann schauen, ob es irgendwie funktionieren könnte.

Der Querulant und seine idealen Partner

Wie wir inzwischen wissen, ist der Querulant dafür bekannt, jede noch so harmlose Begebenheit als gegen ihn gerichtet und feindselig zu verkennen. Eine unangenehme Eigenschaft, die es einem künftigen Partner sehr schwer macht. Man könnte nun denken, dass sich zwei Querulanten meiden sollten, da sie sich ständig gegenseitig beschuldigen und dann nur noch die Fetzen fliegen würden. Das kann durchaus vorkommen, aber in diesem Fall würden sich die beiden Querulanten ohnehin niemals so nahe kommen, dass sie eine engere Beziehung in Betracht zögen, sondern sich vermutlich vorher umbringen oder in langen Zivilgerichtsprozessen in den Wahnsinn treiben.

Tatsächlich ist der beste Partner für einen Querulanten ein anderer Querulant, der dasselbe Feindbild hat. Nichts schweißt Menschen enger zusammen, als gemeinsam in einer feindlichen Umwelt überleben zu müssen. Um die partnerschaftlichen Beziehungsmöglichkeiten des Querulanten in seiner natürlichen Umgebung betrachten zu können, brauchen wir zunächst ein Biotop, in dem er um sein Überleben kämpfen muss und wo wir ihn in freier Wildbahn beobachten können. Ein besonders geeignetes Biotop ist ein Dauercampingplatz, der im Sommer ab und an auch Urlauber beherbergt. Querulanten sehnen sich wie alle Menschen nach Natur und Erholung, aber aufgrund ihres angeborenen Misstrauens haben sie nur selten den Mut, sich ganz auf einen Ort einzulassen. Ein Campingplatz ist deshalb optimal – sollten die Feinde überhandnehmen, können sie einfach den Wohnwagen ans Auto hängen und nach einem Ort mit weniger bösartigen Menschen suchen.

Doch jetzt ist unser Querulant zunächst einmal angekommen und richtet sich auf seiner Parzelle heimisch ein. Als Erstes lernt er seine Nachbarin Erna kennen, die schon zum zweiten Mal verwitwet und auf der Suche nach einem neuen Partner ist.

Erna ist ebenfalls eine Querulantin, die den lieben langen Tag damit beschäftigt ist, spielende Kinder zu beschimpfen und über die Einhaltung der Mittagsruhe zu wachen. Außerdem kann sie über jeden anderen Camper interessante Geschichten erzählen. Unser frisch angekommener Querulant – nennen wir ihn mal Hubert, weil der Name so schön zu Erna passt – ist gerade dabei, sein Vorzelt aufzubauen. Erna sieht ihn und will gleich abchecken, was das für ein Typ ist. Eine typische Begrüßung wäre: «He, Sie da, Sie wissen aber, dass in einer Stunde die Mittagsruhe beginnt und Sie dann keinen Lärm mehr machen dürfen, oder?»

Worte wie «Guten Tag, ich bin Ihre Nachbarin Erna» sind einem Querulanten meist suspekt. Deshalb verwendet Erna sie auch nicht. Und Hubert wäre kein echter Querulant, wenn er nicht standesgemäß antworten würde: «Kümmern Sie sich um Ihren eigenen Scheiß, Sie haben ja sowieso keine Ahnung!» Dabei mustert er Erna genauer. Sie trägt einen rosafarbenen Jogginganzug, der vor zwei Wochen bei Lidl im Angebot war. Sie ist also modisch nur halb auf der Höhe, was trotz ihrer ruppigen Annäherung für sie spricht, denn Hubert, der von seinen Eltern immer so hübsch ausstaffiert wurde, dass er sich nie schmutzig machen durfte, sieht hier eine Frau, die zwar neue, aber durchaus robuste Kleidung trägt, was ihn auf irgendeine Weise antörnt. Leider achtet er deshalb nicht mehr auf sein Gestänge, das ihm aus der Hand rutscht und ausgerechnet auf seinem großen Zeh landet.

«Autsch!», brüllt er. «Nun sehen Sie, was Sie angerichtet haben! Nehmen Sie gefälligst Ihren Besen und reiten Sie weg!»

Erna zögert. Wäre sie nicht schon zweimal verwitwet und dringend auf der Suche nach einem neuen Mann, hätte sie ihm besagten Besen vermutlich um die Ohren gehauen, aber andererseits trägt Hubert einen Adidas-Trainingsanzug im Stil der siebziger Jahre, der in Ernas Augen durchaus hip ist, und so nutzt sie ihre Chance.

«Ungeschickt lässt grüßen! Na schön, ich will ja nicht, dass Sie nachher noch Ärger bekommen. Der Willi von Parzelle 37, der ist ja so ein Spießer, der achtet mit der Stoppuhr darauf, ob die Mittagsruhe eingehalten wird.» (Willi ist, wie Sie sich unschwer denken können, ein bürokratisches Arschloch.) Und schon packt Erna mit an, was Hubert etwas irritiert, aber wer könnte einer Frau im rosa Jogginganzug schon etwas abschlagen? Hubert ganz bestimmt nicht, außerdem tut ihm sein Fuß noch verdammt weh, und es sieht nach Regen aus. Da ist er ausnahmsweise dankbar für die Hilfe.

Erna unterstützt Hubert nun also beim Aufbau seines Vorzeltes und lädt ihn danach sogar noch zum Mittagessen ein. Während der Regen auf Ernas Wohnwagendach prasselt und sie sich die Spaghetti schmecken lassen, erfährt Hubert noch mehr über seine neuen Nachbarn. Willi, der zwanghaft genau auf alle Regeln achtet, aber trotz seines Spießertums – oder gerade deshalb – eigentlich ein ganz guter Nachbar ist. Leider ist Willi seit 30 Jahren glücklich verheiratet und kam deshalb nie für Erna in Betracht.

«Und dann gibt es da noch die Öztürks», erzählt Erna weiter. «Also weißt du, Hubert» (man ist beim Mittagessen natürlich schon beim Du angelangt), «die sind zwar Türken, aber die sind ja nicht so wie die meisten Türken, die man so trifft, die sind nicht laut, die haben auch nur eine Tochter, und Mutter und Tochter laufen beide im Bikini rum. Ich glaube ja, die hatten einfach die Nase voll von ihren Landsleuten, die immer in Horden auftreten, und wollen lieber so leben wie wir. Ganz ruhige Leute, mit denen hat man eigentlich nie Probleme.» (Familie Öztürk besteht, wie Erna unbewusst richtig vermutet, aus Eigenbrötlern, die am liebsten ihre Ruhe haben wollen und den Sommerurlaub in der Türkei bei der Großfamilie wie die Pest hassen, weshalb sie sich einen typisch deutschen Campingplatz zulegten und eine hübsche Sammlung von Gartenzwergen pflegen.)

Tja, und damit hätten wir die Leute, mit denen Erna (und später zweifelsohne auch Hubert) auskommt, kennengelernt. Neben einem anderen Querulanten sind bürokratische Arschlöcher oder Eigenbrötler in der Lage, die Eigenheiten des Querulanten zu ertragen.

Der Eigenbrötler wird sich niemals in die Angelegenheiten des Querulanten einmischen, weil sie ihm schlichtweg egal sind, und das bürokratische Arschloch ist so auf die Einhaltung der Mittagsruhe auf dem Campingplatz fixiert, dass es auch hier keine negativen Berührungspunkte gibt, zumal der Querulant niemals ohne triftigen Grund gegen die Campingregeln verstoßen wird. Zwar entscheidet der Querulant selbst, was ein triftiger Grund ist, aber er wird mit an Sicherheit grenzender Wahrscheinlichkeit nicht während der Mittagsruhe sein Vorzelt aufbauen oder den Rasen mähen, weil er seine Zeit lieber dazu nutzt, einen künftigen neuen Partner kennenzulernen oder – wenn das schon passiert ist – das Mittagsmagazin im Fernsehen zu gucken und sich über die neuesten

Eskapaden der bösen Welt aufzuregen, die er dann mit seinen Nachbarn auf der Parzelle nebenan diskutieren möchte.

So wie Erna und Hubert, als sie sich bereits besser kennen und den Zaun zwischen ihren beiden Parzellen entfernen – was auf einem Dauercampingplatz einem Verlöbnis gleichkommt.

Eines Mittags sehen Erna und Hubert beim Essen im Fernsehen etwas über Flüchtlinge, die aus dem Nahen Osten nach Europa und insbesondere nach Deutschland wollen. Natürlich weiß Erna sofort, mit wem sie das besprechen muss.

«Sagen Sie mal, Herr Öztürk, was halten Sie denn davon, dass Ihre ganzen Landsleute herkommen wollen?»

Herr Öztürk, der gerade liebevoll seine Gartenzwerge im neu angelegten Blumenbeet ordnet, schreckt zusammen.

«Wie meinen Sie das? Ich habe meiner Mutter gesagt, dass sie mich hier nicht besuchen soll!»

«Nein, doch nicht Ihre Mutter, die ist doch schon da. Ich meine die ganzen Flüchtlinge.»

«Das sind nicht meine Landsleute. Wir haben alle die deutsche Staatsbürgerschaft.»

«Ach so. Na ja, was denken Sie denn darüber, dass hier nun die ganzen Ausländer herkommen? Und dann schlagen die nachher noch hier ihre Zelte auf!»

Herr Öztürk schüttelt den Kopf: «Nein, hier ist ja nur für Wohnwagen. Die Zeltplätze sind da vorn am Wasser.»

«Na, das ist ja mal wieder typisch, nun kriegen die Flüchtlinge sogar noch die guten Plätze mit Meerblick. Das muss ich gleich Hubert sagen!»

Herr Öztürk nickt gedankenverloren und kümmert sich

weiter um seine Blumenbeete. Das Gespräch mit Erna hat er, ganz der klassische Eigenbrötler, in dem Moment vergessen, da er sie nicht mehr hört.

Auf dem Weg zurück zu Hubert kommt Erna jedoch an Parzelle 37 vorbei, wo Willi gerade seine Hecke schneidet. Er hat neben der Hecke ein Band gespannt, damit er die Hecke auch ganz gerade und genau in Form bringen kann.

«Willi, da kommen jetzt die ganzen Flüchtlinge zu uns, und Herr Öztürk sagt, die kriegen die Parzellen mit Meerblick. Ist das nicht unverschämt?»

Willi hält kurz inne.

«Wen meinst du damit? Die Leute vom Camping-Paradies, weil der Geizkragen die Parzellenpreise da so erhöht hat?»

«Ach, du bist ein Döskopp! Ich mein die Flüchtlinge aus dem Nahen Osten.»

«Nein, ich glaube nicht, dass die hier Urlaub machen wollen. Sieh mal, die müssen sich doch erst als Flüchtlinge registrieren lassen, damit sie Geld kriegen. Und vorher können die sich hier doch gar nicht die Platzgebühren leisten.»

«Und warum sagt der Öztürk das dann? Der kennt sich doch aus mit diesen Leuten, der kommt doch auch von da.»

«Ich dachte, der ist in Hamburg geboren. Und außerdem waren seine Eltern Türken und keine Syrer.»

«Ja, aber das ist doch alles ein Abwasch.»

«So wie Deutsche und Holländer?» Willi grinst, denn er weiß, was das in Erna bewirken wird.

«Fang mir nicht mit diesen dämlichen Holländern an! Ich war so froh, als die nach den letzten Ferien wieder verschwunden sind, dieses asoziale Pack! Er hat ewig gesoffen, und sie hat den ganzen Tag auf Holländisch mit ihren Gören rumgeschrien. Warum bleiben die nicht bei sich zu Hause? Die haben da doch auch ein Meer!»

«Aber nur die Nordsee. Vielleicht fanden sie es blöd, dass das Wasser immer bei Ebbe verschwindet, wenn man gerade baden gehen will.»

«Du meinst also, die Flüchtlinge kriegen hier bei uns nicht die guten Zeltplätze?»

«Nein, denn sie haben ja gar nicht genug Geld dafür, und außerdem verbietet die Campingordnung, dass man sich hier langfristig niederlässt.»

«Bist du dir sicher?»

«Ganz sicher.»

Erna kehrt zurück zu Hubert.

«Der Öztürk erzählt auch nur Blödsinn, wenn der Tag lang ist», erklärt sie. «Behauptet doch glatt, diese ganzen Flüchtlinge kämen hierher an den Strand. Na ja, das steckt wohl drinnen bei denen, diese Orientalen sind ja alles Märchenerzähler.»

«Was erwartest du auch von jemandem, der Gartenzwerge sammelt?», erwidert Hubert. «Das sind doch auch so eine Art Märchenfiguren. Aber ansonsten ist er ja harmlos und rennt hier nicht gleich rum, um Leute mit dem Messer abzustechen, wie es diese Typen sonst so tun.»

Auf dem Campingplatz von Erna und Hubert gibt es auch noch die schüchterne Frau Kronauer, die sich immer sehr zurückzieht und nie etwas sagt, was Anstoß erregen könnte. Wenn Erna das Gefühl hat, dass sie bei Hubert nicht die nötige Unterstützung bekommt, weil der sich nicht so schnell wie sie selbst aufregt, geht sie immer zu Frau Kronauer. So auch an diesem Tag.

«Wissen Sie schon, dass jetzt diese ganzen Flüchtlinge kommen? Aber zum Glück nicht auf unseren Campingplatz, weil sie sich den nicht leisten können, auch wenn der Öztürk das Gegenteil behauptet.»

Frau Kronauer zuckt zusammen, Erna wertet das als berechtigte Furcht vor den Flüchtlingsströmen.

«Ja, ich kann gut nachvollziehen, dass Sie als alleinstehende Frau einen Schreck bekommen, würde mir auch so gehen, wenn ich nicht meinen Hubert hätte. Wie soll das bloß alles noch weitergehen?»

Frau Kronauer schaut Erna weiterhin mit großen Augen an, während sie ihr Smartphone beiseitelegt. «Und was möchten Sie jetzt von mir?»

«Na, wir müssen doch irgendetwas tun!», ruft Erna.

«Äh, ja.»

«Und wie wollen Sie sich schützen?»

«Äh, ich, äh, ich dachte, ich spende was.»

«Spenden?» Erna starrt Frau Kronauer irritiert an. «Wozu denn das?»

«Ähm, na ja, damit die Menschen was zum Anziehen haben.»

«Im Fernsehen sahen die aber gut angezogen aus, die ganzen Leute.»

«Ja, aber müssten die nicht auch mal die Wäsche wechseln?», fragt Frau Kronauer vorsichtig.

Erna zieht die Augenbrauen hoch. «Jetzt wollen Sie denen wirklich noch Sachen schenken, damit die dann ihr Geld sparen und bei uns auf dem Campingplatz die guten Parzellen am Wasser besetzen können?»

«Äh, nein, ich ähm ...» In diesem Moment surrt das Smartphone. «Entschuldigen Sie mich bitte, ich warte schon lange auf den Anruf.»

Erna nickt und fühlt sie bestätigt, weil Frau Kronauer ihr ja letztlich recht gegeben hat. Woher sollte sie auch wissen, dass Frau Kronauer eigentlich ein feiges Arschloch ist, das sich nicht traut, offen zu widersprechen, während sie in Wirklichkeit bereits eine Spendenaktion ins Leben gerufen hat und gerade den Rückruf eines ihrer Unterstützer erhält?

Frau Kronauer ist ein klassisches feiges Arschloch – sie ist viel zu ängstlich, ihre eigenen Grenzen zu ziehen, und hört dem Querulanten zu. Ob sie ihn wirklich schätzt oder eher verabscheut, wird dieser nie erfahren, es ist Erna aber auch egal, da sie feige Arschlöcher nicht als Bedrohung wahrnimmt.

Und somit hätten wir die Arschlochtypen gefunden, mit denen ein Querulant auskommen kann.

Der Querulant harmoniert hervorragend mit seinesgleichen, allerdings nur, sofern man dasselbe Weltbild hat. Querulanten, die unterschiedlichen politischen Parteien oder Konfessionen angehören, neigen dazu, sich bis aufs Blut zu bekämpfen. So ist der Querulant nicht nur der beste Freund des Querulanten, er kann unter Umständen auch sein erbittertster Feind sein.

Die Verbindung mit einem bürokratischen Arschloch ist ebenfalls erfolgversprechend, da dessen Regeltreue dem Querulanten Sicherheit gibt. Wenn das bürokratische Arschloch wirklich mal anderer Meinung ist, kann es das durch Regeln oder Gesetze begründen. Dadurch hat der Querulant das Gefühl, sein Partner sei eigentlich auf seiner Seite, dürfe das aber aus Gesetzestreue nicht zugeben. Im Denken des Querulanten läuft dann Folgendes ab: «Mein Partner ist meiner Meinung, aber er darf das nicht sagen, weil es gesetzlich nicht in Ordnung ist. Die Politiker haben diese Gesetze gemacht. Man verbietet uns hier den Mund. Aber das wird man doch wohl noch sagen dürfen, oder?»

Auf diese Weise wird der Konflikt erneut aus der Partnerschaft herausgehalten und auf die böse Außenwelt projiziert.

Der Eigenbrötler und das feige Arschloch sind in der Beziehungsgestaltung zum Querulanten relativ neutral, da sie ihre Meinung für sich behalten und niemals den Kampf mit ihm suchen. Wenn man einer Meinung ist, kann daraus eine stabile Beziehung entstehen, ansonsten werden Eigenbrötler und feiges Arschloch lieber die Flucht ergreifen und im Zweifelsfall den Wohnanhänger ans Auto hängen und sich einen neuen Campingplatz suchen, um ihre Ruhe zu haben.

Im Berufsleben profitiert der Querulant am meisten, wenn er ein bürokratisches Arschloch als Vorgesetzten hat, da ihn dessen Regeltreue davor bewahrt, sich so sehr in seine wahnhaften Ideen zu steigern, dass der Arbeitsplatz gefährdet werden könnte. Der Chef wird nicht als Feind wahrgenommen, sofern er sagt: «Ich kann Sie gut verstehen, aber wir dürfen das leider nicht machen.» Dadurch kann der Querulant wie schon im Privatleben den Konflikt wieder nach außen projizieren.

Sollte der Chef allerdings sagen: «Sie wissen ganz genau, dass das nicht erlaubt ist! Wie oft muss ich Ihnen das noch sagen?», gibt es Krieg. Im besten Fall sucht sich der Querulant einen neuen Job, im schlimmsten Fall schließt er sich irgendeiner radikalen Gruppierung an und wird Terrorist.

Der Eigenbrötler und seine idealen Partner

Der Eigenbrötler sehnt sich nach Nähe und zugleich Distanz. Am besten versteht ihn deshalb ein anderer Eigenbrötler. Dieser wird es ihm niemals übelnehmen, wenn er ein Jahr lang in seinem Arbeitszimmer verschwindet und sich nur kurz zu den Mahlzeiten blicken lässt, ja, vermutlich wird er es nicht einmal bemerken, da er zu sehr mit sich selbst beschäftigt ist. Wichtig ist für beide einzig das Gefühl, nicht allein zu sein und den anderen im Notfall jederzeit erreichen zu können.

Allerdings ist es für einen Eigenbrötler schwierig, einen zweiten Eigenbrötler kennenzulernen. Um den anderen in sein Leben zu lassen, müssen schon ziemlich viele glückliche Umstände zusammentreffen, und nicht jeder potenzielle Old Shatterhand findet seinen Winnetou. Wobei Eigenbrötler oft das sind, was die Umgebung einen «Nerd» nennt. Sie haben abstruse Hobbys, die nur jemand versteht, der diese Hobbys teilt. Und genau hier finden wir ein mögliches Biotop, in dem wir den klassischen Eigenbrötler in freier Wildbahn beobachten können – die Convention oder kurz Con. Conventions sind Treffen von Fans, die einer bestimmten Fernsehserie, Fantasyreihe oder Rollenspielgruppe anhängen. Am bekanntesten sind die *Star-Trek*-Conventions, bei denen die Fans sich nicht nur wie ihre Helden kostümieren und Fanartikel kaufen oder eintauschen, sondern auch die Schauspieler der Serie persönlich kennenlernen und um ein Autogramm bitten können. Da die Zahl der *Star-Trek*-Fans inzwischen nicht mehr ausreicht, um eine ganze Con zu füllen (da sie überwiegend Eigenbrötler sind, haben sie schlichtweg vergessen, sich fortzupflanzen, und sterben langsam aus), werden nun mehrere Serien in einer Convention zusammengefasst, damit die Zahl der Fans (und die Kasse der Veranstalter) stimmt. So kann man auf einer Con mittlerweile nicht nur *Star-Trek*-Fans, sondern auch *Star-Wars*-Freunde, *Game-of-Thrones*-Liebhaber, *Dr.-Who*-Reisebegleiter, Vampirjäger, Zombies, Manga-Helden oder was sonst serienmäßig so angesagt ist, antreffen. Viele Eigenbrötler leben geradezu in den Serienwelten, weil sie dazu nicht einmal das Haus verlassen müssen, sondern sich mit ihren Freunden über das Internet austauschen. Nur zu den Conventions treibt es sie in die feindliche Welt hinaus, und sie versammeln sich mit ihresgleichen in phantasievollen Kostümen in den Räumlichkeiten der Convention, die aus einem Hotel, aber auch einer Schule während der Ferien oder einer Messehalle bestehen können.

Der Vorteil der Convention besteht darin, dass man sich hinter der Figur, die man in seiner Verkleidung darstellt, ausgezeichnet verstecken kann – sei es nun ein Klingone oder ein mittelalterlicher Ritter. Gesprächsstoff gibt es immer, und diese Art der Kommunikation kommt dem Eigenbrötler sehr entgegen. Er hat das Gefühl, dazuzugehören, schützt aber dennoch sein wahres Ich. Sobald er die Maske aufsetzt, ist er der realen Welt entflohen, aber wenn ihm das Spektakel zu sehr auf die Nerven geht, kann er einfach nach Hause gehen und wieder er selbst sein.

Begleiten wir also jetzt Sakine Öztürk, die Tochter der Familie Öztürk, die wir schon auf dem Campingplatz von Erna und Hubert kennengelernt haben. Sakine ist wie ihre Eltern eine klassische Eigenbrötlerin, aber sie wollte nun endlich dem Wunsch ihrer Großmutter Aische nachkommen und sich einen passenden Partner suchen, nachdem sie sämtliche Bewerber, die Großmutter Aische aus der Türkei einfliegen ließ, mit Hilfe ihrer Eltern vergraulte. Dass Sakine beim Vergraulen auf die Hilfe ihrer Eltern zählen konnte, ist typisch – schließlich würde ein Mann, der mit neuen (oder alten und längst abgelegten) Sitten daherkommt, nur Unruhe bringen. Außerdem konnte niemand der Bewerber Vater Öztürks Leidenschaft für Gartenzwerge nachvollziehen, was sie allesamt disqualifizierte.

Sakine versucht nun als klassische Eigenbrötlerin, den passenden Partner auf einer Con zu finden. Da sie eine sehr selbstbewusste Eigenbrötlerin ist, wählt sie ein klingonisches Kostüm und tritt als eine Nichte der Duras-Schwestern auf (für alle Nicht-Trekkis: Die Duras-Schwestern waren Klingoninnen, die im klingonischen Reich die Herrschaft durch einen gewaltsamen Umsturz anstrebten, was misslang, da missgünstige Föderations-Gutmenschen ein Problem mit durchsetzungsfähigen Klingoninnen hatten und ihnen in die Parade fuhren). Als unüberwindliche Kriegerin hat Sakine kein Problem damit, Männer anzusprechen, auch wenn dies ihre Großmutter Aische (die im Übrigen der Grund ist, warum Sakines Eltern sich einen Campingplatz weitab von Großmutters Wohnung suchten) in den Wahnsinn getrieben hätte.

Nachdem Sakine nun bereits eine Weile durch die Hallen der Con marschiert ist und ein paar übergewichtige, vorgealterte Elben mit einem grimmigen Knurren abgewimmelt hat, sieht sie einen blondgelockten jungen Mann in der Kostümierung eines mittelalterlichen Ritters und fragt ihn: «DIvI' Hol Dajatlh'a'?»

Das ist Klingonisch und heißt: «Sprechen Sie Föderationsstandard?»

Wenn er nur irritiert aus der Wäsche schaut, weiß Sakine, dass sie hier ihre Zeit verschwendet. Sollte er jedoch «HIja'», was «Ja» bedeutet, sagen, ist er immerhin rudimentär des Klingonischen mächtig, was ihn interessant macht. Und sollte er gar: «Ghobe'», was «Nein» heißt, antworten, dann hat Sakine das große Los gezogen – denn dann können sie später sogar gemeinsam *Hamlet* im klingonischen Original lesen. Allerdings wäre Sakine keine Eigenbrötlerin, wenn sie nun sofort ein längeres Gespräch mit dem jungen Mann beginnen würde. Stattdessen verabschiedet sie sich mit «Qapla'», was als «Auf Wiedersehen» übersetzt werden könnte, auch wenn die klingonischen Linguisten sich darüber uneins sind, da es auch «Erfolg» oder «Viel Glück» heißen könnte. Wenn er wirklich der Richtige ist, wird er ihr schon auf der nächsten Runde erneut begegnen.

Sollte der junge Ritter ebenfalls ein Eigenbrötler sein, wird er dieses Verhalten sofort richtig deuten und warten, bis sie ihm das nächste Mal über den Weg läuft.

In diesem Fall haben wir es jedoch mit Thomas zu tun, einem eingefleischten *Game-of-Thrones*-Fan, der sich selbst «Ser Thomas» nennt und zum Arschlochtyp der Diva gehört.

Im zarten Alter von 13 Jahren lernte er zwar rudimentäres Klingonisch, um seine Lehrer während des Lateinunterrichts zu beeindrucken, aber sein Herz gehört, seit die Bücher verfilmt wurden, *Game of Thrones*. Außerdem weiß er sich in ausgedehnten Rollenspielschlachten mit gepolsterten Waffen gut in Szene zu setzen. Die spröde Klingonin hat es ihm nun angetan, und er will sie erobern – nicht wie ein zurückhaltender Eigenbrötler, sondern ganz die Diva, die er ist. Also folgt er dem Objekt seines Interesses, in der Hoffnung, sie zu beeindrucken und ihren wahren Namen zu erfahren.

Sakine Öztürk bemerkt, dass sie verfolgt wird, und ist irritiert. Andererseits fühlt sie sich auch geschmeichelt, vor allem, als sie mit einem anderen Klingonen spricht und der geheimnisvolle Ritter dazwischengeht. Zwar reicht Thomas' Klingonisch nicht aus, um deutlich zu machen, dass er Interesse an dieser Frau hat, aber die Polsterwaffe, mit der er Sakines Gegenüber bedroht, ist beeindruckend genug und hält auch dessen Bat'leth-Imitation der traditionellen klingonischen Waffe problemlos stand. Sakine ist mehr als geschmeichelt und nimmt die darauf folgende Einladung zum Essen in der Con-Kantine sehr gern an.

Wir sehen, Diven können sehr schnell die Herzen der Eigenbrötler gewinnen, meist überholen sie durch ihren Esprit auch noch die konkurrierenden Eigenbrötler, weil sie einfach schneller und redegewandter sind. Ob die Beziehung Bestand haben wird, hängt davon ab, ob die Diva die Rückzugswünsche des Eigenbrötlers akzeptiert. Wird Ser Thomas bereit sein, Sakine auch auf den Campingplatz ihrer Eltern zu begleiten und die Gartenzwergsammlung ihres Vaters ausgiebig zu bewundern? Oder ist es ihm einfach zu trist und langweilig? Bei einem anderen Eigenbrötler könnte Sakine sich sicher sein, dass er die Abgeschiedenheit und Ruhe hinter den aufgezogenen Windschutzwänden genießen würde, wo ihn niemand stört.

Zum Glück für Sakine besitzt Thomas neben seinen divenhaften Zügen selbst einige Anteile des Eigenbrötlers, denn sonst wäre er ja kein regelhafter Con-Besucher geworden. Er freut sich über Sakines Schweigsamkeit, denn so bleibt ihm selbst mehr Zeit zum Reden, und da er wie alle Diven ein sehr guter Erzähler ist, gewinnt er damit nicht nur Sakines Herz, sondern auch das ihrer Eltern. Ob er auch das ihrer Großmutter gewinnt, ist zweifelhaft, da die Familie ihn ihr lieber nicht vorstellt ...

Nun sind natürlich nicht alle Eigenbrötler eingefleischte Nerds und Fantasyfans. Es gibt auch die kreativen Eigenbrötler, die sich ernsthaft betätigen, zum Beispiel als Schriftsteller. Auch der Eigenbrötler, der sich als Autor versucht, hat das Problem, einen gleichgesinnten Partner zu finden. Die Zeiten, da Autoren noch regelmäßig in Kaffeehäuser oder Kneipen gingen, um dort zu schreiben und Inspiration zu finden, sind seit dem Einzug des Internets vorbei. Zwar gibt es immer noch vereinzelte Exemplare dieser Spezies, aber die gehören nicht zu den Eigenbrötlern. Der Eigenbrötler ist dankbar, dass er über das Internet Austausch mit seinesgleichen hat, ohne die Leute gleich persönlich treffen zu müssen.

Aber immerhin hat der Eigenbrötler die Chance, hier einen gleichgesinnten Eigenbrötler zu finden. Man tauscht sich zunächst über einschlägige Foren aus, irgendwann hat man genügend Vertrauen gefasst, seine Telefonnummer preiszugeben und sich zumindest schon mal – geschützt durch die räumliche Trennung des Telefondrahts – sprechen zu können. Wenn man sich sympathisch ist, könnte es sein, dass man sich binnen des kommenden Jahres auch mal persönlich trifft – sofern man nicht zu weit voneinander entfernt lebt. Zwar können Eigenbrötler auch glückliche Fernbeziehungen führen, wenn der eine in Berlin und der andere in Sydney lebt, aber der Wunsch des Verschmelzens wird dann nicht wirklich ernst genommen. Das Internet mit seinen zahlreichen Foren ist übrigens ein idealer Tummelplatz für Eigenbrötler. Hier findet jeder Topf seinen Deckel, denn mittlerweile gibt es für jedes noch so sonderbare Hobby eigene Foren, in denen auch Bonsaizüchter, Glasaugenhersteller, Mäusezüchter oder Kugelschreibersammler Gleichgesinnte und potenzielle Partner finden können. Der Vorteil liegt darin, dass man direkt weiß, wie der künftige Partner tickt, und sich das mühsame Herantasten einschlägiger Kontaktbörsen erspart.

In solchen Foren tummeln sich neben dem Eigenbrötler überwiegend bürokratische Arschlöcher, die die dortige Moderation und Regeltreue schätzen, Querulanten, die hier ihre Verschwörungstheorien unter die Leute bringen wollen, Diven, die sich gern im Mittelpunkt sehen, und feige Arschlöcher, die sich hier im geschützten Rahmen bewegen können.

Neben der Diva wäre auch das bürokratische Arschloch ein möglicher Partner für den Eigenbrötler. Das liegt daran, dass sich das bürokratische Arschloch an Regeln hält. Und wenn der Eigenbrötler seine Ruhe haben will oder sich zurückzieht, akzeptiert das bürokratische Arschloch dies als Regel des allgemeinen Zusammenlebens. Sollte es ihm zu viel werden, ist das bürokratische Arschloch zudem in der Lage, mit dem Eigenbrötler neue Regeln zu verhandeln, die von beiden eingehalten werden können. So hat der Eigenbrötler genügend Rückzugsraum und das bürokratische Arschloch die Kontrolle.

Dem Querulanten gegenüber ist der Eigenbrötler neutral eingestellt. Wenn der Querulant attraktiv und sexy ist und seine Verschwörungstheorien im Rahmen dessen bleiben, was der Eigenbrötler sich noch vorstellen kann, könnte hieraus eine stabile Beziehung erwachsen. Von Vorteil ist, dass der Eigenbrötler sich am liebsten allein beschäftigt, was der krankhaften Eifersucht des Querulanten keine unnötige Nahrung gibt. Der Eigenbrötler und der Querulant haben dann ein Verhältnis wie ein Katzenhalter zu seiner Katze, wobei unklar ist, wer von beiden hier Katze und wer der Halter ist. Man toleriert sich, ab und zu mag man sich, aber manchmal muss man sich auch aus dem Weg gehen. Wenn der Querulant es zu weit treibt, verwandelt sich der Eigenbrötler unweigerlich in die Katze, die das Heim verlässt und sich einen neuen Menschen sucht. Der Querulant hingegen würde sich bei einem ernsthaften Konflikt eher in einen Katzenhalter verwandeln, der seine Katze im Tierheim abgibt, und den Eigenbrötler einfach rausschmeißen. Das Ergebnis bleibt sich gleich – im Konfliktfall räumt der Eigenbrötler das Feld, weil er jedem Kampf aus dem Weg geht und einfach seine Ruhe haben will.

Mit dem feigen Arschloch kann der Eigenbrötler gut zurechtkommen, sofern es ihm genügend Freiraum lässt und nicht ständig Unterstützung und Bestätigung braucht und ihm nicht die Ohren volljammert. Das feige Arschloch, das mit einem Eigenbrötler zusammenlebt, sollte als in der Lage sein, ein Minimum an Entscheidungen selbst zu treffen, weil es den Eigenbrötler wahnsinnig nervt, wenn er sich um alles kümmern muss.

Das Riesenarschloch und seine idealen Partner

Das Riesenarschloch ist der unangenehmste von allen Arschlochtypen, weil es in seiner Reinausprägung rücksichtslos und egoistisch ist und zu den größten Gemeinheiten und Verbrechen neigt, die man sich vorstellen kann. Dennoch wirkt das Riesenarschloch auf einige andere Arschlöcher anziehend. Dazu gehören vor allem jene Arschlochtypen, die gern jemanden als Partner haben, der ihnen alle Entscheidungen abnimmt und sagt, wo es langgeht.

Um ein Riesenarschloch bei der Partnersuche zu beobachten, sollte man es in seinem natürlichen Lebensraum aufsuchen. Das können sowohl Problemstadtteile als auch Luxusvillen sein – je nachdem, wie erfolgreich das Riesenarschloch ist. Am besten eignen sich Gefängnisse, denn hier findet man jede Art von Riesenarschloch – sowohl den Mörder aus der Unterschicht als auch den skrupellosen Investmentbanker, der wegen Betrug oder Steuerhinterziehung einsitzt. Gefängnisse werden hinsichtlich ihrer eheanbahnenden Fähigkeiten massiv unterschätzt. Es scheint eine Menge Frauen zu geben, die auf Knackis abfahren und ihnen heiße Liebesbriefe schicken. Während der Mörder aus dem Problemviertel immerhin noch selbst eine Heiratsanzeige in irgendeinem Käseblättchen aufgeben muss, um zunächst eine Brieffreundin zu finden, werden attraktive Serienmörder, berühmte Investmentbanker oder gestürzte Politiker ganz von selbst mit Wäschekörben voller Fanpost und Heiratsangeboten überhäuft. Während die meisten Menschen darüber den Kopf schütteln, wirken Riesenarschlöcher auf manche Frauen (seltener Männer) einfach unwiderstehlich.

Da hätten wir zum einen die unberechenbare Gefühlschaotin. Die scheinbare Stärke und die vermeintliche Durchsetzungskraft des Riesenarschlochs ziehen sie unwiderstehlich an. Und die Gewalt – denn genau die hat sie in ihrer Kindheit zur Genüge erfahren. Es mag paradox klingen, aber Gewalt und Egoismus sind ihr so vertraut, dass sie ihr ein Gefühl von Heimat geben. Für eine unberechenbare Gefühlschaotin ist ein Mann im Gefängnis der ideale Partner. Vor allem, wenn er lebenslänglich einsitzt, ohne Chance, jemals wieder rauszukommen. Sie hat nun einen Mann, der ihr nicht weglaufen kann und dankbar ist, wenn sie ihn besucht. Gleichzeitig kann sie ihr moralisches Ego aufpolieren, da sie sich ja um einen armen Gefangenen kümmert. Seine Straftaten blendet sie einfach aus. Sie sieht in ihm nur das arme, gefangene Opfer, um das sie sich jetzt aufopferungsvoll kümmert. Dadurch hat sie in dieser Beziehung eine sehr mächtige Position. Wenn sie ihn gar heiratet, ist sie endlich auch eine verheiratete Frau, aber sie hat den nervigen und möglicherweise prügelnden Kerl nicht zu Hause. Die ideale Fernbeziehung, bei der sie entscheidet, wann sie ihn sieht. Sie lebt also mit einem Idealbild ihres Mannes und phantasiert sich eine rosige Zukunft zusammen, wenn er erst mal aus dem Gefängnis entlassen ist, ohne dass die Gefahr besteht, dass dies wirklich in absehbarer Zukunft passiert. Wenn es dann doch geschieht, werden die meisten dieser Ehen nach der Entlassung des Straftäters wieder recht schnell geschieden. Das muss nicht einmal daran liegen, dass der Partner gewalttätig wird. Viel entscheidender ist der Verlust der Illusion. Beide Partner erkennen, dass sie jeweils nur eine idealisierte Facette des anderen kannten, die für sich allein nicht ausreichend ist, um dauerhaft eine stabile Beziehung zu führen. Ein Partner im Gefängnis ist deshalb sehr praktisch für Frauen, die verheiratet sein wollen, aber nicht mit dem Ehemann zusammenleben möchten, weil sie große Probleme mit der Beziehungsgestaltung haben.

Aber auch im alltäglichen Leben harmonieren Riesenarschloch und unberechenbarer Gefühlschaot noch am besten, weil sie beide mit Gewalt aufgewachsen sind und diese in der Beziehung noch am ehesten tolerieren und verzeihen. Sie haben niemals ein anderes Beziehungsmodell kennengelernt. Das führt zu so abstrusen Blüten, dass die unberechenbare Gefühlschaotin die Schläge ihres Mannes noch für einen Liebesbeweis hält. Genau wie er selbst – schließlich schlägt er sie ja nur, weil er sie auf den rechten Weg zurückbringen will. Und es gibt sogar eine Weltreligion, die das Schlagen von ungehorsamen Ehefrauen ausdrücklich empfiehlt – man befindet sich also in bester Gesellschaft und muss seine Beziehungsgestaltung nicht überdenken.

Neben dem unberechenbaren Gefühlschaoten wären auch das feige Arschloch und der Klammeraffe mögliche Partner für das Riesenarschloch. Das feige Arschloch, das immer Angst hat, verlassen zu werden und sich der feindlichen Umwelt allein entgegenstellen zu müssen, wird es genießen, mit einem rabiaten Schläger oder einem aggressiven Investmentbanker liiert zu sein, da es von dessen Stärken und Durchsetzungskraft profitiert. Das feige Arschloch hätte dabei sogar noch den Vorteil, dass es dank seiner sofortigen Unterordnung weniger Prügel als der unberechenbare Gefühlschaot beziehen würde. Im Gegenteil, es kann sogar sein, dass ein feiges Arschloch ein Riesenarschloch in der Beziehung zähmt, indem es den Feind außerhalb der Beziehung lokalisiert.

Ein klassisches Beispiel dafür wäre folgende Kneipenszene:

Chantal, ein feiges Arschloch und die Partnerin von Kevin-Justin, dem Riesenarschloch, hat sich schick gemacht und wird von Bodo in ihrer Stammkneipe angemacht. Nun geht sie sofort zu Kevin-Justin und beschwert sich über Bodos unverschämtes Verhalten. Kevin-Justin hat deshalb keinen Grund, eifersüchtig zu werden – wie bei seiner früheren Freundin Jaqueline, einer unberechenbaren Gefühlschaotin, die auf jeden Flirtversuch dankbar einging. Stattdessen wird er sauer auf Bodo und beginnt einen Streit mit ihm. Bodo, der selbst ein Riesenarschloch ist, steigt sofort darauf ein. Kurz darauf ist die Kneipe zu Sägemehl verarbeitet und beide haben Hausverbot. Als die Polizei kommt, sagen jedoch beide einvernehmlich aus, dass es gar keinen Streit gab, sie wären bloß auf dem gebohnerten Boden ausgerutscht, und dabei wären die Möbel kaputtgegangen. Auch das ist klassisch, wenn zwei Riesenarschlöcher aneinandergeraten und dann von der Ordnungsmacht befragt werden – Polizisten sind in ihren Augen noch größere Arschlöcher, und den Bullen sagt man nichts. Riesenarschlöcher der Unterschicht klären das alles unter sich.

Anders wäre es, wenn Chantal die Freundin von Victor-Emanuel wäre, einem Riesenarschloch aus der Oberschicht. Chantal hat sich schick gemacht und wird mit despektierlichen Blicken von Marie-Louise gemustert, der Gattin eines anderen Oberschicht-Riesenarschlochs, während man Sekt auf der Vernissage eines neuen aufstrebenden Sterns am Kunsthimmel trinkt.

Nun wird Chantal dem Victor-Emanuel natürlich sofort sagen, dass sie sich von Marie-Louise schlecht behandelt fühlt. Victor-Emanuel hingegen wird sich überlegen, wie er die Aktien von Marie-Louises Ehemann Karl-Theodor durch eine geschickte (und nicht ganz legale) Transaktion in den freien Fall bringt, damit Karl-Theodor pleitegeht und Marie-Louise sich künftig ihre Kleider in der Kleiderspende abholen muss. Im Gegensatz zum Unterschicht-Riesenarschloch beherrscht das Oberschicht-Riesenarschloch sämtliche Finessen, um am Rande der Legalität Menschen ins Verderben zu stürzen.

Zu einem Mann wie Victor-Emanuel würde natürlich auch eine Frau wie Elisabeth passen. Elisabeth ist ein Klammeraffe. Da sie nicht in der Lage ist, allein irgendwelche Entscheidungen zu treffen, freut sie sich, einen durchsetzungsfähigen Mann zu haben (seine Durchsetzungsfähigkeit hat er in ihren Augen vor allem durch sein Bankvermögen bewiesen), der ihr sagt, was sie tun soll. Für Victor-Emanuel hingegen ist die Beziehung zu Elisabeth einfach perfekt, weil sie ihm niemals Probleme macht und sich auch nicht durch die Blicke von Marie-Louise genervt fühlen würde. Er kann sich also in Ruhe seiner Arbeit widmen, während Elisabeth sich um den Haushalt und die vier Kinder kümmert und ansonsten bei repräsentativen Auftritten genau das macht, was er ihr vorher gesagt hat.

Aber Elisabeth würde auch mit einem Unterschicht-Riesenarschloch zurechtkommen, da sie keinen Streit sucht, sondern die ideale und dankbare Befehlsempfängerin ist. Die Beziehung zu einem Unterschicht-Riesenarschloch könnte sehr harmonisch sein, allerdings bestünde für Elisabeth die große Gefahr, dass sie – sofern ihr Partner kriminell ist – wegen Beihilfe oder Falschaussage selbst ein paar Monate ins Gefängnis kommt. Andererseits wird sie – ganz der typische Klammeraffe – recht schnell auf Bewährung entlassen werden, da sie ja alles tun wird, was die Wärter ihr sagen, und eine Mustergefangene ist.

Zusammenfassend lässt sich feststellen, dass das Riesenarschloch eine aufregende und von vielen Aufs und Abs geprägte Beziehung mit dem unberechenbaren Gefühlschaoten eingehen kann. Aber eine wirklich stabile und möglichst gewaltfreie Beziehung ist vor allem mit dem feigen Arschloch und dem Klammeraffen möglich, weil diese beiden Arschlochtypen niemals widersprechen würden.

Weibliche Riesenarschlöcher werden unberechenbare Gefühlschaoten eher meiden, da sie bei einer Schlägerei womöglich den Kürzeren ziehen. Sollten sie sich trotz allem auf einen männlichen unberechenbaren Gefühlschaoten eingelassen haben, ist die Wahrscheinlichkeit groß, dass ihr Partner irgendwann spurlos verschwindet und sich die Archäologen 200 Jahre später über das Skelett im Blumenbeet wundern.

Für weibliche Riesenarschlöcher sind Klammeraffe und feiges Arschloch perfekt, zumal sie diese beiden Arschlochtypen auch hervorragend manipulieren können.

Der unberechenbare Gefühlschaot und seine idealen Partner

Einen möglichen Partner – das Riesenarschloch – haben wir bereits im vorigen Kapitel ausführlich kennengelernt. Zwar wird der unberechenbare Gefühlschaot nicht wirklich glücklich in der Beziehung mit dem Riesenarschloch sein, aber meist ist er nicht unglücklich genug, um sie zu beenden.

Mehr Glück wird er mit dem von sich selbst überzeugten Arschloch haben. Dieses hat nämlich den Anspruch, den unberechenbaren Gefühlschaoten zu retten und all seine Probleme zu lösen. Nicht aus reiner Menschenfreundlichkeit, sondern einfach aus dem Gefühl seiner Grandiosität heraus, weil es sonst noch niemand konnte. Und tatsächlich wird die Beziehung am Anfang sehr harmonisch sein. Da das von sich selbst überzeugte Arschloch sich sehr viel Mühe gibt, alle Macken des unberechenbaren Gefühlschaoten zu akzeptieren, weil das vor ihm ja noch nie jemand geschafft hat, ist der unberechenbare Gefühlschaot sehr dankbar.

Gern wird er deshalb sagen: «Ich habe noch nie jemanden getroffen, der mich so gut verstanden hat. Du bist einfach perfekt!»

Das geht dem von sich selbst überzeugten Arschloch natürlich runter wie Öl. Und eine Weile sind die beiden dann sehr, sehr glücklich.

Doch irgendwann kommt der Zeitpunkt, an dem das von sich selbst überzeugte Arschloch irgendein Bedürfnis des unberechenbaren Gefühlschaoten nicht erfüllen kann. Das können ganz banale Ereignisse sein. Stellen wir uns vor, es ist Sonntag, und der unberechenbare Gefühlschaot – nennen wir ihn einmal Martin – stellt fest, dass seine Freundin Sophie – ein von sich selbst überzeugtes Arschloch – vergessen hat, den besonderen Weichkäse, den es nur in dem kleinen französischen Käseladen in der Innenstadt gibt, mitzubringen. Hätte sie Bier vergessen, wäre das kein Problem – wozu gibt es die Tankstelle um die Ecke? Aber nein, es musste ja der Käse sein, und jetzt ist Sonntag, und die Tankstelle hat nur den widerwärtigen abgepackten Billig-Käse, der nach Benzin schmeckt.

«Warum hast du keinen Käse gekauft?», fragt er also.

«Ich hatte keine Zeit mehr, in die Innenstadt zu fahren, weil ich Überstunden machen musste. Und danach hatte der Laden schon zu.»

«Ich bin dir also nicht mehr wichtig genug.»

«Hör mal, ich musste Überstunden machen. Wenn dir das so wichtig ist, hättest du dir selbst den Käse kaufen können.»

«Du hast mir versprochen, den Käse mitzubringen. Und du hast es nicht getan! Du hast dein Wort gebrochen!»

«Ich wusste nicht, dass mein Chef plötzlich noch Überstunden ansetzt.» Langsam wird Sophie auch wütend, denn selbst wenn sie gern alles für Martin, den bislang ja noch niemand außer ihr wirklich verstanden hat, tun würde, ist ihre Karriere ihr letztlich genauso wichtig.

«Du bist auch nicht besser als alle anderen! Und ich dachte, du wärst etwas Besonderes. Aber du bist ja auch nur so eine karrieregeile Ziege, der es völlig egal ist, was aus mir wird.»

Martin befindet sich jetzt in der Phase der Entwertung – etwas, das ein von sich selbst überzeugtes Arschloch nicht ertragen kann.

«So? Ich reiß mir den Arsch für dich auf, weil du allein nicht lebensfähig bist, und habe nie Dank dafür erwartet! Und jetzt jaulst du hier rum, weil du deinen Scheiß-Käse nicht hast, anstatt mal selbst den Arsch hochzukriegen! Du lebst in meiner Wohnung, von meinem Geld, weil du zu dämlich bist, irgendeinen Job zu finden, und dein Geld für idiotische Psychotherapeuten aus dem Fenster wirfst, die deine Macke sowieso nicht heilen können! Ich habe die Schnauze voll von dir! Pack deine Sachen und verschwinde!»

Hier machen wir einen kleinen Schnitt – je nachdem, wie Martin nun gestrickt ist, wird er entweder in Tränen ausbrechen und Sophie um Verzeihung bitten, oder er wird tatsächlich wütend die Wohnung verlassen. Wenn er einigermaßen stabil ist, zieht er zu einem Freund, andernfalls wird er einen halbherzigen Selbstmordversuch begehen, um in ein Krankenhaus aufgenommen zu werden, und Sophie dafür die Schuld geben. Alternativ könnte er auch versuchen, Sophie zu verprügeln. Sollte er sich für eine der ersten beiden Varianten entscheiden, könnte es sein, dass die Beziehung diese Krise übersteht und sie sich irgendwann wieder versöhnen. Sollte er jedoch versuchen, Sophie zu verprügeln, wird er eine Feindin fürs Leben haben, denn das verzeihen von sich selbst überzeugte Arschlöcher grundsätzlich nie. Im besten Fall schlägt

Sophie so hart zurück, dass er danach freiwillig die Wohnung auf Nimmerwiedersehen verlässt, im schlimmsten Fall muss sie die Polizei rufen und wird alles tun, ihn ins Gefängnis zu bringen.

Besser für Martin wäre es, wenn Sophie kein von sich selbst überzeugtes, sondern ein feiges Arschloch wäre. Dann wäre sie so verunsichert und ängstlich, dass sie alles für Martin täte, nur um nicht verlassen zu werden. Allerdings hat auch diese Duldsamkeit ihre Grenzen. Spätestens dann, wenn sie einen neuen Partner findet, der mehr Geborgenheit und Sicherheit verspricht. Irgendwann käme Martin dann nach Hause und würde feststellen, dass seine Partnerin spurlos verschwunden ist. Sollte es allerdings ihre Wohnung sein, kommt er irgendwann nach Hause und wird von ihrem Neuen vor die Tür gesetzt.

Bei einer Klammeräffin wäre es etwas anders. Sollte Martin in der Lage sein, Entscheidungen zu treffen und der Klammeräffin Sophie zu sagen, was sie tun soll, hätte sie bestimmt nie den Käse vergessen. Aber andererseits wäre sie auch nicht so karrierebewusst gewesen und hätte vermutlich keinen derart gut bezahlten Job, dass sie es sich ständig leisten könnte, Martin mit Delikatessen zu füttern.

Wäre Sophie selbst eine unberechenbare Gefühlschaotin, wäre der Streit besonders interessant – einer von beiden würde dann mit Selbstmord drohen, und der, der zuerst die Selbstmordkarte im Kampf zöge, hätte gewonnen, weil der andere sofort verstanden hätte, wie verzweifelt der Partner ist. Mit viel Glück käme es zu einer Versöhnung. Es bestünde aber auch die Gefahr, dass der andere Partner – wenn seine Wut groß genug ist – Hilfestellung beim Suizid gibt, um endlich seine Ruhe zu haben.

Kurzum – die Beziehungen des unberechenbaren Gefühlschaoten sind immer schwierig und genauso unberechenbar wie sein eigenes Seelenleben.

Die Diva unter den Arschlöchern und ihre idealen Partner

Einen idealen Partner der Diva haben wir bereits kennengelernt – den Eigenbrötler. Der Eigenbrötler ist deshalb so ideal für die Diva, weil er selbst eher zurückgezogen lebt und kein Problem damit hat, wenn sich die Diva in Szene setzt.

Wenn wir jetzt noch einmal zu unserer «Star-Diva» Zorro zurückkehren, wird dies besonders deutlich. In der Originalversion der Geschichte und den frühesten Zorro-Verfilmungen war Zorros Herzensdame eine junge, zurückhaltende und attraktive Dame namens Lolita (in späteren Verfilmungen musste sie dann ihren Namen ändern, weil ein anderes literarisches Werk aus dem Jahr 1955 ihren Vornamen zum Sinnbild für die Beziehung von altem Lustgreis mit minderjährigem Mädchen machte, was aber nicht zur Beziehung von Zorro alias Don Diego und seiner Lolita gepasst hätte).

Zorros Lolita ist intelligent und wünscht sich einen entsprechenden Partner. Leider gerät sie in politische Verwicklungen, und man will sie aus opportunistischen Gründen mit dem scheinbaren Weichei Don Diego verheiraten. Lolita bleibt zurückhaltend, zeigt aber durchaus den klassischen Biss einer Eigenbrötlerin, wenn sie Don Diego beim ersten offiziellen Treffen diskret Paroli bietet (besonders schön in der Verfilmung mit Tyrone Power als Zorro und Linda Darnell als Lolita von 1940 dargestellt). Diese Mischung aus Zurückhaltung und Biss (natürlich in Verbindung mit einem attraktiven Äußeren) ist für jede Diva unwiderstehlich. Durch die Zurückhaltung bekommt die Diva selbst Raum, sich darzustellen, aber durch den Biss, den sie parieren muss, kann sie zugleich ihre Schlagfertigkeit beweisen. Und wenn die potenzielle Partnerin oder der potenzielle Partner auch noch attraktiv ist, kann die Diva sich sicher sein, dass ihr eigener eleganter Auftritt und ihre eigene Attraktivität nochmals betont werden. Zorro löst das Problem dann auch ganz divenhaft, indem er sich Lolita, die ihn als Diego für einen unattraktiven Waschlappen hält, zu erkennen gibt. Er kann sich zudem sicher sein, dass die zurückhaltende Eigenbrötlerin das Geheimnis für sich behalten wird. Wäre Lolita selbst eine Diva gewesen, hätte es durchaus sein können, dass sie das Geheimnis weiterverrät, wenn es für ihre Absichten förderlich gewesen wäre.

Da der Eigenbrötler nur selten eifersüchtig ist, sondern es eher genießt, wenn der Partner mal unterwegs ist, hat die Diva beim Eigenbrötler auch genügend Freiheiten, sich anderweitig in Szene zu setzen. Ein klassischer Dialog zwischen Diva und Eigenbrötler könnte lauten:

Diva: «Schatz, ich muss morgen geschäftlich nach New York fliegen. Ich komme wohl in drei Wochen wieder.»

Eigenbrötler: «Prima! Und falls du in einen DVD-Laden kommst, schau doch mal nach, ob sie da die Originalversion von (es folgt der Titel irgendeiner seltenen U.S.-amerikanischen Serie, die man nicht mal mehr über Amazon bekommen kann) haben und bring sie mir bitte mit.»

Die Diva nickt, wird alles daransetzen, diesen Wunsch zu erfüllen, und bei ihrer Rückkehr ausführlich die Geschichte dazu erzählen, denn die Diva ist ein begnadeter Erzähler.

Problematisch wird es zwischen Diva und Eigenbrötler, wenn die Diva zu ausufernd wird und dem Eigenbrötler nicht mehr genügend Freiraum lässt. Insofern ist der Eigenbrötler sehr froh, wenn seine persönliche Diva entweder nebenher als Zorro arbeitet oder einem ähnlich zeitaufwendigen Hobby nachgeht, das dem Eigenbrötler genügend Zeit für sich selbst lässt.

Wenn sich zwei Diven zusammenfinden, kann daraus eine sehr harmonische Beziehung erwachsen, allerdings nur dann, wenn sie die gleichen Interessen und Ziele verfolgen. Sollten sie unterschiedliche Hobbys haben, für die sich der jeweils Andere nicht die Bohne interessiert, werden sie sich bald wahnsinnig auf die Nerven gehen. Wenn also ein Diva-Mann ein eingefleischter Bundesliga-Fan ist und seine Diva-Frau auf Daily-Soaps steht und sie sich beide immer die neuesten Ergebnisse erzählen wollen, führt das unweigerlich zum Konflikt, denn anders als der Eigenbrötler, der so tun kann, als würde er zuhören, aber dabei in Ruhe seine E-Mails beantwortet, wird eine Diva wirklich aufmerksam zuhören und kann ihre Langeweile dann nicht lange verbergen. In der Phase des ersten Verliebtseins, wenn der Partner idealisiert wird und man alles an ihm großartig findet, mag es noch funktionieren, aber im Laufe der Zeit nutzt sich das ab, und wenn man dann keine gemeinsamen Themen mehr hat, steht eine derartige Beziehung meist vor dem Aus. Besonders bitter ist das dann, wenn das Hobby, mit dem beide immer eine gemeinsame Basis fanden, der Sex ist, der aber durch eine fortgeschrittene Schwangerschaft oder gerade erfolgte Entbindung etwas zu kurz kommt. Falls das Baby nun nicht das gemeinsame neue Hobby von beiden wird, sondern als Belastung erlebt wird, weil es dabei stört, wenn man die Bundesliga oder die Daily-Soap sehen möchte, haben wir das nächste Scheidungskind.

Insofern ist ein Kind zur Rettung einer Beziehung als besonders kritisch zu betrachten. Vor allem dann, wenn das Sexleben vorher als Stabilisator der Beziehung funktionierte. In dem Fall sollte sich das Divenpaar lieber überlegen, wie es mit einem Hund oder einer Katze klarkommt. Wenn das gut funktioniert, ist immer noch Zeit für ein gemeinsames Kind.

In gewissem Maße ist auch das bürokratische Arschloch ein idealer Partner für die Diva. Die Diva kann, wenn sie mal wieder über die Stränge schlägt, von der Regeltreue und den strikten Vorgaben des bürokratischen Arschlochs profitieren. Mit keinem anderen Arschlochtyp kann man so verlässliche Absprachen treffen wie mit dem bürokratischen Arschloch. Allerdings wird es ein harter Kampf sein, bis die Diva gelernt hat, dass das bürokratische Arschloch zutiefst gekränkt ist, wenn die gemeinsam erarbeiteten Regeln nicht haargenau eingehalten werden.

Ein typischer Dialog könnte dann so aussehen:

Anita, ihres Zeichens ein bürokratisches Arschloch, sagt zu Michael, einer Diva: «Endlich kommst du, ich warte schon eine Ewigkeit. Das Essen wird gleich kalt.»

Michael: «Ähm, ich bin gerade mal eine Viertelstunde zu spät gekommen. Wo ist das Problem?»

Anita: «Wir haben ausgemacht, dass du um 13.00 Uhr zum Essen kommst. Ich habe alles für 13.00 Uhr fertig. Und jetzt steht das Essen seit einer Viertelstunde auf dem Herd und verköchelt langsam. Ist es wirklich so schwer, einmal pünktlich zu sein?»

Michael: «Nun stell dich doch nicht so an. Dann fang nächstes Mal eben etwas später an.»

Anita: «Warum sollte ich später mit dem Kochen anfangen, wenn du zu spät kommst? Du hättest mich ja auch mal anrufen können, dass es später wird. Dann hätte ich das einplanen können.»

Michael: «Du tust ja gerade so, als wäre eine Viertelstunde der Untergang des Abendlandes. An der Uni ist das normal, da nennt man das akademische Viertelstunde.»

Anita: «Wir sind hier aber nicht an der Uni und haben auch keine akademische Viertelstunde vereinbart. Wenn du das gewollt hättest, hättest du mir vorher Bescheid sagen müssen.»

Michael: «Wenn du hier noch lange so rummaulst, wird das Essen noch mehr verkochen.»

Anita: «Ach, jetzt machst du mir auch noch Vorwürfe, ich würde rummaulen, wo du doch zu spät kommst? Weißt du was – mach dir das Essen selbst warm. Ich habe von dir für heute die Schnauze voll!»

Daraufhin schickt sich Anita an, die Wohnung zu verlassen und allein ins nächste Restaurant zu gehen. An diesem entscheidenden Punkt des Streits liegt es an Michael, seinen ganzen Charme spielen zu lassen, wenn ihm etwas an Anita liegt, oder sie wahlweise ziehen zu lassen und die Beziehung als gescheitert zu betrachten, denn ein bürokratisches Arschloch wie Anita wird in dieser Situation aus Prinzip nicht den ersten Schritt tun.

Beziehungsrettend wäre jetzt eine Aussage wie: «Es tut mir leid, ich konnte das nicht abschätzen, aber du hast recht, ich hätte dich anrufen sollen, dass es später wird. Und nun lass mal sehen, was ich tun kann, um dein fabelhaftes Essen vor dem Verköcheln zu retten.» Wenn Michael Anita dann auch noch liebevoll in den Arm nimmt, ist alles gut.

Beziehungszerstörend wäre hingegen eine Aussage wie: «Ja, dann zieh doch ab, du pedantische, beleidigte Leberwurst! Geh doch Paragraphen reiten und Sekunden zählen! Mit deinem Spießertum kommt doch kein normaler Mensch klar!»

Sollten Michael und Anita verheiratet sein, wird er in dem nun folgenden Scheidungsverfahren lernen, dass sie tatsächlich die hohe Schule der Paragraphen reitet und ihn vor Gericht bis aufs letzte Hemd ausziehen wird.

Diva und bürokratisches Arschloch kommen nur dann gut miteinander aus, wenn sich beide immer wieder klarmachen, dass ihr konträres Verhalten nicht aus Böswilligkeit geschieht, sondern weil sie einfach nicht anders können. Wenn die Regeln basal ausgehandelt sind und sich jeder daran hält – also die Diva beispielsweise ohne Terror auch mal eine Viertelstunde zu spät kommen darf, aber sich bei längeren Verspätungen zuverlässig telefonisch meldet –, kann die Beziehung ausgesprochen stabil sein, denn im Gegenzug ist das bürokratische Arschloch ein aufmerksamer Zuhörer, wenn die Diva erzählt, und kann mit anderen Sichtweisen den Horizont der Diva erweitern, was diese durchaus zu schätzen weiß, sofern es außerhalb eines Streits geschieht.

Das feige Arschloch mit seinen ewigen Schuldgefühlen und seiner Unterwürfigkeit kann ebenfalls ein guter Partner für die Diva sein. Vor allem dann, wenn die Diva gern alles selbst regelt und es liebt, sich als Beschützer aufzuspielen. Das feige Arschloch wird gern alles tun, was die Diva verlangt, und sich ihr bereitwillig unterordnen. Da die Diva zudem meist ein gutmütiger Charakter ist, wird sie das feige Arschloch auch nicht übermäßig ausnutzen, sondern seine Unterwürfigkeit zu schätzen wissen, sodass sich hier die vielleicht stabilste Beziehung abzeichnet.

Mit dem Klammeraffen wäre ein ähnliches Beziehungsmuster vorprogrammiert, der einzige Unterschied läge darin, dass der Klammeraffe aufgrund seiner Persönlichkeitsstruktur nicht in der Lage ist, Entscheidungen zu treffen, und sich deshalb unterwirft. Der Klammeraffe ist ideal für entscheidungsfreudige Diven, aber völlig ungeeignet für Diven, die sich mit ihrem Partner gleichberechtigt und auf Augenhöhe austauschen wollen.

Zu Problemen käme es dann, wenn die Diva einen Rat oder Hilfe braucht. Während sie sich unter normalen Umständen von Sprüchen des Klammeraffen wie: «Ich vertraue dir. Du wirst das schon regeln», geschmeichelt fühlt, könnte es sie zur Weißglut treiben, wenn sie ein echtes Problem hätte, bei dem sie Hilfe braucht.

Klassisch wäre dann dieser Dialog, falls unsere Anita aus dem Beispiel oben kein bürokratisches Arschloch, sondern eine Klammeräffin wäre:

Michael: «Unsere Firma hat Kurzarbeit angeordnet. Ich mache mir Sorgen, wie wir die Abzahlung für die Hypothek in dieser Zeit bewältigen sollen.»
Anita: «Du wirst schon eine Lösung finden.»
Michael: «Wie meinst du das?»
Anita: «Du findest immer eine Lösung, ich vertraue dir da.»
Michael: «Was für eine Lösung meinst du denn?»
Anita: «Schatz, ich vertrau dir einfach!»
Michael: «Aber wir haben durch die Kurzarbeit rund 200 Euro zu wenig im Monat.»
Anita: «Und wie wollen wir das ausgleichen?»
Michael: «Deshalb frage ich dich doch.»
Anita: «Ich richte mich da ganz nach dir.»
Michael: «Und was schlägst du vor?»
Anita: «Was immer du meinst. Ich stehe voll hinter dir.»
Michael (langsam verzweifelt): «Ja, aber ich frage dich doch, weil mir im Moment nichts einfällt.»
Anita: «Dir fällt bestimmt was ein, Schatz. Soll ich dir was zu essen machen?»

Im besten Fall hätte Michael jetzt eine Idee – Anita könnte auf 450-Euro-Basis in einem Imbiss arbeiten und das finanzielle

Defizit so ausgleichen. Da Anita sich freut, wenn sie keine Entscheidung treffen muss, wird sie sich darauf sofort einlassen.

Im schlimmsten Fall würde Michael sauer werden und sagen: «Du kannst wohl immer nur ans Fressen denken, während ich hier ernsthafte Probleme wälze!»

Daraufhin würde Anita trotzdem nichts zur Lösung der Probleme beitragen, sondern allenfalls fragen: «Heißt das, dass du keinen Hunger hast und ich jetzt nichts zu essen machen soll?»

Wie die Diva es auch dreht und wendet – sie wird die Lösung selbst finden müssen, von ihrem entscheidungsunfähigen Klammeraffen-Partner ist in dieser Hinsicht keine wirkliche Hilfe zu erwarten.

Das bürokratische Arschloch und seine idealen Partner

Um die idealen Partner für das bürokratische Arschloch zu finden, begeben wir uns wieder einmal auf eine Forschungsreise in den natürlichen Lebensraum des bürokratischen Arschlochs. Das ist meist ein typisch deutsches Wohnviertel mit fünf verschiedenen Müllcontainern für die Mülltrennung (Wertstoffe, Papier, Kompost, Glascontainer und Restmüll), gepflegten Vorgärten und geregelten Ruhezeiten, während deren die Kinder entweder ihre Hausaufgaben zu machen haben oder bereits im Bett liegen, keine laute Musik gespielt wird, kein

Rasen gemäht werden darf und sämtliche Unterhaltungen auf Zimmerlautstärke geführt zu werden haben.

Aus diesem Grund kommen für das bürokratische Arschloch nur Partner in Frage, die in diesem besonderen Lebensraum existieren können. Einige haben wir schon kennengelernt.

So ist der Eigenbrötler in der Lage, sich jedem Lebensraum anzupassen, sofern man ihm seine Ruhe lässt. Da das bürokratische Arschloch verlässliche Regeln braucht, können diese in der Beziehung zum Eigenbrötler etabliert werden.

Der Eigenbrötler möchte sich gern seinen kreativen Hobbys hingeben. Sofern es sich dabei nicht gerade um lautes Musizieren handelt, sondern eher stille Beschäftigungen wie Malerei oder Schriftstellerei, sind die Mittagsruhe von 13.00 bis 15.00 Uhr und die Nachtruhe ab 22.00 Uhr hervorragend geeignet. Das bürokratische Arschloch wird diese Ruhezeiten problemlos akzeptieren. Wahlweise lassen sich auch andere verbindliche Regeln aushandeln.

Schwierig wird es jedoch, wenn der Eigenbrötler ein gewisses «kreatives Chaos» braucht. Dann stellt sich die Frage, inwieweit das bürokratische Arschloch in der Lage ist, die eigene Ordnung im kreativen Chaos zu durchschauen. Wenn das bürokratische Arschloch weiß, dass der Eigenbrötler seine Ölfarben immer in dieser Weise liegen lässt und dass er grundsätzlich niemals seine Palette reinigt, kann es dies als eigene Ordnung verstehen und akzeptieren. Sollte der Eigenbrötler ein klassischer Nerd sein und haufenweise Bücher auf Klingonisch lesen, ist das ebenfalls kein Problem für das bürokratische Arschloch: Ob jemand nun deutsche, englische oder klingonische Bücher liest – das ist für das bürokratische Arschloch alles dasselbe, und Lesen bildet ja. Sollte es hinsichtlich der Ordnung zu größeren Problemen und Differenzen kommen, kann man sich darauf einigen, dass der Eigenbrötler ein eigenes Arbeitszimmer bekommt, das das bürokratische Arschloch nur nach Voranmeldung betritt. Man kann letztlich alles im Zusammenleben regeln – und das bürokratische Arschloch ist darin ein Meister. Schwierig wird es, wenn der Eigenbrötler wiederholt gegen diese Regeln verstößt, da er sein kreatives Chaos in der ganzen Wohnung auslebt. Wenn der Eigenbrötler sich nicht spätestens nach der dritten Abmahnung am Riemen reißt, könnte das das Ende der Beziehung bedeuten.

Mit dem Querulanten als potenziellem Partner kann das bürokratische Arschloch zurechtkommen, wenn beide dasselbe Feindbild haben. Dann können sie sich gegenseitig so sehr aufstacheln und hochpuschen, dass sie ihre Freizeit in Aktivisten-Camps verbringen und dort stets auf die Regeltreue achten. Dabei ist es völlig gleichgültig, welcher Weltanschauung sie sich zugehörig fühlen – solange es gegen irgendwelche Leute mit anderer Weltanschauung geht, sind sie glücklich. Und da das bürokratische Arschloch ein Händchen dafür hat, dem Gegner Regelverstöße nachzuweisen, und der Querulant seinen Spaß daran hat, den Gegner zu beobachten, da er sowieso nur das Schlechteste von ihm erwartet, sind sie ein optimales Gespann aus Paragraphenreiter und Denunziant, vor dem sich die Feinde zu hüten haben.

Allerdings funktioniert das nicht, wenn das bürokratische Arschloch ein liberaler Charakter ist, der meint, alle Menschen können gut miteinander klarkommen, wenn man entsprechende Regeln festlegt, innerhalb deren jeder die größtmögliche Freiheit genießen soll. Der Querulant wird immer nach einem Haar in der Suppe suchen, während das bürokratische Arschloch ihm vergeblich zu erklären versucht, warum hier gar kein Regelverstoß vorgelegen hat. Der Querulant wird das bürokratische Arschloch dann «Gutmensch» nennen, und das bürokratische Arschloch wird gar nicht erst auf die Idee kommen, seine Beziehung zu diesem Querulanten weiter zu vertiefen.

Die Beziehungsgestaltung mit der Diva unter den Arschlöchern wurde bereits ausreichend im Kapitel über die Diva und ihre idealen Partner gewürdigt. Hier bleibt lediglich anzumerken, was das bürokratische Arschloch an der Diva so faszinierend findet. Das bürokratische Arschloch bewundert die Diva dafür, dass sie auch mal fünfe gerade sein lassen kann. Das ist etwas, was es selbst gern könnte – natürlich nur in einem gewissen Rahmen. Und da kann das Zusammenleben mit einer Diva durchaus beflügelnd sein. Ein klassisches bürokratisches Arschloch kommt beispielsweise lieber zehn Minuten zu früh als auch nur eine Minute zu spät. Manchmal ist das bürokratische Arschloch deshalb schon eine halbe Stunde zu früh am Ziel, aber da es sich nicht gehört, bereits eine halbe Stunde vor Beginn der Party beim Gastgeber zu klingeln, hat das bürokratische Arschloch gelernt, so lange im Auto zu warten oder – falls es mit öffentlichen Verkehrsmitteln gekommen ist – mehrere Runden um den Block zu laufen oder irgendwo noch einen Kaffee zu trinken. Das ist auf Dauer jedoch sehr anstrengend. Und so lernt es an der Seite der Diva, dass es völlig in Ordnung ist, wenn man auf die Minute pünktlich ist und es riskiert, vielleicht mal zwei Minuten zu spät zu kommen. Die Diva wiederum wird durch das bürokratische Arschloch daran gehindert, wie üblich eine halbe Stunde zu spät zu kommen und so profitieren beide. Tief in seinem Innersten sehnt sich das bürokratische Arschloch danach, den Mut zu finden, Regeln zu übertreten, ohne andere dabei zu verletzen. Dafür ist die Diva der ideale Partner, denn die Diva schafft es durch ihren Charme, ihre kleinen Regelverstöße als nicht so gravierend darzustellen. Eine verständnisvolle Diva und ein für Veränderungen offenes bürokratisches Arschloch sind eine optimale Kombination für eine beständige, glückliche Partnerschaft.

Mit dem feigen Arschloch und dem Klammeraffen kommt das bürokratische Arschloch ebenfalls gut aus, da es durch seine Regeltreue keine Schwierigkeiten hat, eine Entscheidung zu treffen, und gar nicht merkt, dass das feige Arschloch und der Klammeraffe sich ihm nur unterordnen, weil sie Angst vor dem Verlassenwerden haben bzw. sich vor Entscheidungen fürchten.

Zwei bürokratische Arschlöcher können ebenfalls sehr gut miteinander harmonieren, da sie keine Probleme haben, gemeinsam vereinbarte Regeln einzuhalten. Neben der Kombination mit einer verständnisvollen Diva ist die Kombination von zwei bürokratischen Arschlöchern besonders stabil. Dank der gemeinsamen Regeln vergeudet man seine Zeit nicht mit sinnlosen Streitigkeiten – außer man ist sich gerade nicht sicher, wie eine Regel genau auszulegen und zu verstehen sei. In dem Fall kann es haarig werden. Stellen Sie sich das einfach so vor, als würden Juristen einen Fall zur endgültigen Entscheidung ans Bundesverfassungsgericht weitergeben – nur dass die beiden bürokratischen Arschlöcher sich mit ihren privaten Problemen leider nicht ans Bundesverfassungsgericht wenden können. Den Job übernimmt dann meist die Paarberatung. Ideal wäre es, wenn der Therapeut ebenfalls ein bürokratisches Arschloch ist, weil er dann schnell als oberste Instanz von beiden anerkannt wird.

Abschließend lässt sich sagen, dass alle Arschlochtypen, die in der Lage sind, sich verlässlich an Regeln zu halten, mit dem bürokratischen Arschloch harmonieren können. Es gibt jedoch einen Zwitter, wo der Ausgang einer Partnerschaft völlig offen ist. Das ist das von sich selbst überzeugte Arschloch. Zwar ist das von sich selbst überzeugte Arschloch durchaus in der Lage, Regeln einzuhalten, aber nicht jedes bürokratische Arschloch ist in der Lage, auf Fehlverhalten des von sich selbst überzeugten Arschlochs mit dem nötigen Feingefühl einzugehen. Und wir wissen ja – wenn man das von sich selbst überzeugte Arschloch kritisiert, hat man einen neuen Todfeind …

Das feige Arschloch und seine idealen Partner

Das feige Arschloch hat dank seines Unterordnungswillens die wenigsten Probleme, einen Partner zu finden. Allerdings stellt sich hier die Frage, ob es auch immer glücklich wird.

Prinzipiell ist das feige Arschloch also für jedes andere Arschloch der ideale Partner – aber beschränken wir uns jetzt auf die Partner, mit denen das feige Arschloch wirklich glücklich werden kann und nicht einfach nur weniger leidet ...

Eine perfekte Harmonie ist mit der Diva unter den Arschlöchern zu erreichen. Sie genießt es, eine Führungsrolle zu übernehmen, ohne das feige Arschloch deshalb geringzuschätzen – im Gegenteil, sie wird seine charakterbedingte Unterordnung für bedingungslose Loyalität halten. Das funktioniert nicht nur in der Beziehung, sondern auch in der beruflichen Partnerschaft. Jeder Held, der etwas auf sich hält, hat seinen kleinen Sidekick. Und genau dieser Sidekick ist die ideale Rolle für das feige Arschloch. Während die Diva sich als Batman in Szene setzt, kann das feige Arschloch als Robin noch etwas von dem Ruhm ernten. Das feige Arschloch kann sich sicher sein, dass es als Sidekick zwar nur die zweite Geige spielt, aber niemals vom Helden verlassen wird, denn die Diva braucht den Sidekick auch als Gegenpart, um sich anhand seiner Fehler und Schwächen besonders zu profilieren. Der Sidekick baut Mist? Kein Problem, die Diva rettet ihn und macht ihm keine Vorwürfe – im Grunde ist sie ihm sogar dankbar, denn damit gab er ihr wieder mal die Gelegenheit, sich als Held und Retter besonders gut in Szene zu setzen.

In einer Beziehung funktioniert es ähnlich – die Diva regelt alles und kann sich auf das feige Arschloch verlassen, das feige Arschloch wird sie unterstützen und niemals opponieren. Im klassischen Rollenmodell hätten wir dann den karrieremachenden Ehemann und die brave Hausfrau und Mutter, die in ihrer Rolle zufrieden ist. Aber es funktioniert auch, wenn die Ehefrau die Diva und der Mann das feige Arschloch ist. Er wird sie auf Händen tragen und alles für sie tun. Wenn sie Karriere machen will, wird er bereitwillig jedes Familienmodell mittragen – sei es als reiner Hausmann oder als jemand, der freiwillig auf Teilzeit reduziert. Zudem bekommt er dafür auch noch von der Gesellschaft positive Anerkennung – ein moderner Vater! Sollte die Diva allerdings das klassische Familienmodell anstreben und als Mutter selbst zu Hause bleiben wollen, wird er klaglos Karriere machen, um seiner Familie alles zu ermöglichen. Kurzum – Diva und feiges Arschloch sind wie füreinander geschaffen, da jeder vom anderen ausreichend profitieren kann und keiner das Gefühl hat, zu kurz zu kommen.

Ähnlich funktioniert die Partnerschaft mit dem von sich selbst überzeugten Arschloch, allerdings ist sie nicht ganz so stabil. Das liegt daran, dass das von sich selbst überzeugte Arschloch tief in seinem Innersten massive Angst vor Kritik hat und jede Form von Kritik als Angriff sieht. Zwar wird das feige Arschloch seinen Partner höchstwahrscheinlich nicht ernsthaft kritisieren, aber die Umwelt ist da weniger großzügig. Und sollte die Umwelt dem von sich selbst überzeugten Arschloch, das gerade Karriere als Fußballstar oder Filmstar gemacht hat, einreden, dass diese Frau (oder dieser

Mann – das funktioniert geschlechtsunabhängig) nicht mehr angemessen ist, kennt das von sich selbst überzeugte Arschloch keine Loyalität, sondern wird sein treu ergebenes feiges Arschloch postwendend gegen eine jüngere Frau oder einen erfolgreicheren Mann austauschen. Nicht umsonst sind die Scheidungsraten gerade unter Fußballprofis und Filmstars besonders hoch, da sich in diesen Berufsgruppen eine überdurchschnittlich hohe Zahl an von sich selbst überzeugten Arschlöchern tummelt.

Während das feige Arschloch in der Beziehung mit der Diva selbst die Kontrolle über die Beziehung hat und sich der Loyalität der Diva gewiss sein kann, hat es auf die bösen Zungen, die dem von sich selbst überzeugten Arschloch einflüstern, dieser Partner sei einfach nicht mehr gut genug, keinen Einfluss. Und je mehr es sich unterordnet und versucht, den Partner zu halten, umso mehr bestätigt es die Sorge des von sich selbst überzeugten Arschlochs, dass dieser Partner nur ein Klotz am Bein ist, da er sich ja aus Angst vor dem Verlassenwerden so massiv unterwirft. In dieser Phase zeigt das von sich selbst überzeugte Arschloch, dass es ein echtes Arschloch ist, dem Loyalität und Treue nur dann etwas gelten, wenn sie auch nach außen hin von Vorteil sind. Sollte das von sich selbst überzeugte Arschloch jedoch erfolglos im Leben sein oder einfach nur durchschnittlich, kann die Beziehung sehr stabil und harmonisch sein, denn dann wird es sich hüten, diesen bequemen Partner zu verlassen, da die Auswahl an attraktiven, willigen feigen Arschlöchern eben doch nicht so groß ist, wenn man bestimmte Ansprüche stellt.

Ob das feige Arschloch mit dem bürokratischen Arschloch harmoniert, hängt davon ab, ob es dessen Regeltreue in vollem Umfang mittragen kann. Im Zweifelsfall wird es sich dem bürokratischen Arschloch unterordnen, aber da das feige Arschloch im Gegensatz zum Klammeraffen keine Angst vor eigenen Entscheidungen hat, könnte es in ihm brodeln, wenn es mit bestimmten Regeln des bürokratischen Arschlochs nicht einverstanden ist. Irgendwann ist der Druck zu groß, und es kann passieren, dass sich das feige Arschloch – noch während es in einer Beziehung zum bürokratischen Arschloch steckt – nach einem neuen Partner umsieht. Dann wird es das bürokratische Arschloch einfach vor vollendete Tatsachen stellen und erklären, die Beziehung sei unwiderruflich vorbei. Da es ja nun einen neuen Partner hat, ist das bürokratische Arschloch nur noch überflüssiger Ballast. Aber da das feige Arschloch vorher nie sagte, wenn es etwas störte, kommt das für das bürokratische Arschloch aus heiterem Himmel. Das bürokratische Arschloch ging davon aus, eine perfekte Ehe zu führen, und steht nun vor einem Scherbenhaufen. Hier zeigt sich das ganze Arschloch-Potenzial des feigen Arschlochs, das lieber den Partner austauscht, als etwas an der Beziehung zu ändern. Und das klassische Opfer ist meist ein hart arbeitendes bürokratisches Arschloch, das dachte, alles durch seine Regeln kontrollieren zu können.

Eine interessante Kombination stellen das feige Arschloch und der Klammeraffe dar. Wenn das feige Arschloch sehr entscheidungsfreudig ist, haben wir hier eine perfekte Mischung. Das feige Arschloch weiß, dass der Klammeraffe ohne seine

Hilfe nicht lebensfähig ist und es deshalb niemals verlassen wird. Und der Klammeraffe spürt, dass das feige Arschloch so große Angst vor dem Verlassenwerden hat, dass es jede unangenehme Entscheidung treffen und dafür auch die volle Verantwortung übernehmen wird. Wir haben hier also eine Win-win-Situation für beide Seiten. Schwierig wird es dann, wenn das feige Arschloch grundsätzlich falsche Entscheidungen trifft, die zum Nachteil von beiden sind. In dem Fall wird sich der Klammeraffe klammheimlich einen neuen «Entscheider» suchen und das feige Arschloch verlassen. Und nun steht das feige Arschloch vor dem gleichen Scherbenhaufen wie das oben schon erwähnte bürokratische Arschloch. Es kann nichts mehr daran ändern und ist am Boden zerstört. Möglicherweise besucht es eine Selbsthilfegruppe verlassener Ehepartner und trifft dabei auf das ebenfalls verlassene bürokratische Arschloch. Daraus kann sich dann eine stabile Freundschaft oder gar eine erneute Partnerschaft entwickeln – und wenn die beiden Glück haben, haben sie aus ihren vorherigen Beziehungen gelernt, dass es manchmal gut ist, Dinge anzusprechen und zu hinterfragen, ehe wieder alles in Scherben vor ihnen liegt.

Aber wie ist es nun mit zwei feigen Arschlöchern, die zusammenfinden? Nun, da ist alles möglich. Wenn sie gleiche Wertvorstellungen haben, kann es die perfekte Partnerschaft werden, zumal sie sich gegenseitig darin überbieten, dem Partner gefällig zu sein. Allerdings birgt das schon wieder Konfliktpotenzial, das man nicht unterschätzen sollte. Und so wäre folgender Dialog zwischen zwei feigen Arschlöchern durchaus möglich:

«Schatz, morgen werde ich mal endlich die Blumenbeete neu anlegen, damit du dich ausruhen kannst.»

«Aber das wollte ich doch schon machen, damit du dich ausruhen kannst.»

«Nein, ruh du dich aus, du hast es doch mit dem Rücken, und ich tu das gern für dich.»

«Aber ich dachte, du hast es mit dem Knie und kannst deshalb so schlecht im Blumenbeet arbeiten.»

«Für dich tu ich doch alles, Schatz.»

«Nein, ich werde das Blumenbeet machen, sonst kannst du wieder wochenlang nicht Treppen steigen, wenn das Knie schlimmer wird.»

«Aber wenn du einen Hexenschuss bekommst, kannst du zwei Wochen lang gar nichts mehr tun. Nein, Schatz, ich mach das Blumenbeet.»

«Das kommt nicht in Frage! Ich will nicht, dass du dich für mich aufopferst und deine Gesundheit ruinierst.»

«Ich ruiniere meine Gesundheit nicht, aber dir würde es schaden, also werde ich das Blumenbeet machen.»

Hier machen wir mal einen Schnitt, denn wenn die beiden erst mal in Fahrt sind, könnte das in dem Ton noch stundenlang weitergehen. Der Wille, sich für den anderen aufzuopfern, nur um nicht verlassen zu werden, ist einfach zu stark ausgeprägt. Aber wenn das feige Arschloch-Paar Glück hat, wird ihnen ihr Nachbar, seines Zeichens ein bürokratisches Arschloch, vorschlagen, gemeinsam zur Paarberatung zu gehen. Dort können sie dann mit professioneller Hilfe lernen, gegenseitig Hilfe anzunehmen. Sollte der Nachbar jedoch ein Riesenarschloch sein, wird er eine ganz andere Lösung vorschlagen: «Hey, wenn ihr euch nicht einigen könnt, wer das Blumenbeet machen darf – ich habe auch noch eines, das frühlingsfit gemacht werden muss!»

Dadurch wären gleich drei Arschlöcher zufrieden – die beiden feigen Arschlöcher, da sie nun beide arbeiten dürfen, und das Riesenarschloch, das bequem im Liegestuhl die ersten Sonnenstrahlen des Aprils genießt, während sein Nachbar für ihn das Blumenbeet anlegt.

Der Klammeraffe und seine idealen Partner

Der Klammeraffe ist seines Zeichens nicht in der Lage, die einfachsten Entscheidungen des alltäglichen Lebens ohne Rückversicherung bei anderen zu treffen. Das heißt, er kann nur mit jemandem eine harmonische Partnerschaft eingehen, der diesen Mangel ausgleicht. Damit ist der Klammeraffe der einzige Arschlochtyp, der grundsätzlich seinesgleichen bei der Partnerwahl meiden muss, da zwei Klammeraffen zusammen vermutlich auf einer Insel voller Bananen und Kokosnüsse verhungern würden, da sie sich nicht entscheiden könnten, ob sie nun die Bananen oder die Kokosnüsse zuerst essen sollen.

Der idealste Partner ist deshalb auch für den Klammeraffen die Diva. Sie ist charmant und loyal, hat keine Probleme damit, Entscheidungen zu treffen, und genießt es, wenn sie dafür vom Klammeraffen angehimmelt wird. Doch Vorsicht! Da nicht jede Diva gleich ist, sollte der Klammeraffe sorgsam bei der Wahl der passenden Diva sein. Eine Diva, die gern den gleichberechtigten Austausch über Entscheidungen wünscht und Diskussionen schätzt, wird am Klammeraffen verzweifeln und die Beziehung bald beenden – ganz gleich, wie loyal sie sonst sein mag.

Für eine Klammeräffin wäre deshalb eine männliche Diva aus dem konservativen Umfeld das Richtige. Also eine Diva, die der Meinung ist, dass ein Mann Entscheidungen zu treffen und die Frau diese zu respektieren hat. Ein solcher Mann wird es genießen, wenn er seiner Frau die rhetorische Frage stellt: «Was meinst du denn, Liebling?», und sie daraufhin antwortet: «Du wirst schon die richtige Entscheidung treffen, Schatz.»

Hier haben wir also eine harmonische, glückliche Beziehung. Da sich die Klammeräffin gut beraten fühlt, muss sie auch nicht die schwierige Entscheidung treffen, ob sie ihren Partner irgendwann verlässt.

Problematischer wird es für einen männlichen Klammeraffen. Er braucht eine Frau, die ihm sagt, was er tun soll, und die findet man nicht so leicht wie konservative Ehemänner. Die ideale Partnerin für diesen Männertyp wäre ein bürokratisches Arschloch. Sie kennt die Regeln unserer Gesellschaft in- und auswendig und wird ihm immer genau sagen, was er zu tun hat. Dabei ist es völlig wurscht, ob sie Karrierefrau oder Hausfrau ist. Solange sie ihm hilft, Entscheidungen zu treffen, akzeptiert er alles. Von Vorteil ist, dass das weibliche bürokratische Arschloch gar nicht merkt, dass ihr Partner völlig entscheidungsunfähig ist. Sie geht einfach davon aus, dass er ihr blind vertraut, und fühlt sich dadurch geschmeichelt.

Eine explosive Mischung kommt zustande, wenn der Klammeraffe an einen Querulanten gerät. Der Querulant, der in grundsätzlich jedem Menschen einen Feind sieht, hat im Gegenzug keine Schwierigkeiten, Entscheidungen zu treffen. Deshalb kann er sehr anziehend auf den Klammeraffen wirken, sofern man dieselben Ideale teilt. Stellen wir uns einmal vor, der Querulant ist ein Umweltaktivist. Er kämpft nicht nur mit Wort und Schrift, sondern auch mit Taten gegen Fracking, genverändertem Mais, Pelzhandel und Co. Der Klammeraffe, der ebenfalls gegen Fracking, genverändertem Mais, Pelzhandel und Co ist, aber bislang nicht wusste, wie er seinem Unmut Ausdruck verleiht, wird nun also im Rahmen einer Unterschriftenaktion vom Querulanten auf dem großen Marktplatz vor dem Einkaufszentrum angesprochen. Manch ein Querulant kann sehr überzeugend sein. Und wenn seine Urängste zufällig auch die Urängste seiner Zuhörer sind, hat er schon gewonnen. Da ist also endlich jemand, der die Wahrheit sagt, der sich nicht hinter politischer Korrektheit versteckt, sondern Gefahren anspricht. Wenn der Querulant noch dazu über rhetorisches Können verfügt, verzehnfacht das die Zahl seiner Anhänger nochmals.

Der Querulant suchte schon lange nach einem Partner, der seine Ideale teilt und auch den Mut (oder das, was der Querulant für Mut hält) hat, sie mit ihm gemeinsam umzusetzen.

Zunächst trifft man sich, kommt sich vielleicht auch als Paar näher, aber selbst wenn es nur zu einer «gewöhnlichen» Freundschaft kommt, wird sich der Klammeraffe gern dem idealisierten Querulanten und seinen Entscheidungen unterordnen. Im besten Fall begnügen sie sich damit, Demonstrationen zu organisieren oder zumindest daran teilzunehmen, im schlimmsten Fall könnten sie gemeinsam zu Öko-Terroristen werden, die das Recht in die eigene Hand nehmen. Der Klammeraffe läuft in einer solchen Paarkonstellation immer Gefahr, sich zu illegalen Handlungen verleiten zu lassen, da er lieber jemandem folgt, der falsche Entscheidungen trifft, als gar keine. Zudem kann er sich dann auch als Held fühlen, als Idealist und Freiheitskämpfer.

Kurzum – die Beziehung zwischen einem Klammeraffen und einem kompatiblen Querulanten ist nie langweilig und bietet genügend Stoff für einen Action-Film.

Warum der Klammeraffe und das feige Arschloch gut miteinander harmonieren können, wurde bereits im Kapitel über das feige Arschloch und seine idealen Partner beschrieben. Aus Sicht des Klammeraffen kann man noch ergänzen, dass der Klammeraffe sich beim feigen Arschloch besonders geborgen fühlt, da das feige Arschloch ihn auf Händen trägt. Das erinnert den Klammeraffen sehr an Mutti – und an die Tatsache, dass viele Klammeraffen Kinder von feigen Arschlöchern sind, die ihre Kinder aus Angst nie loslassen wollten. Die Beziehung zum feigen Arschloch ist also so etwas wie die regressive Rückkehr zu den Ursprüngen.

Ein weiterer geeigneter Partner für den Klammeraffen ist das von sich selbst überzeugte Arschloch. Da dieser Arschlochtyp meint, die Weisheit gepachtet zu haben, hat er überhaupt keine Probleme, Entscheidungen zu treffen, was der Klammeraffe sehr anziehend findet. Wenn das von sich selbst überzeugte Arschloch zudem noch erfolgreich ist, sodass der Klammeraffe sich in seinem Ruhm sonnen kann, ist er glücklich. Klammeräffinnen werden in diesem Zusammenhang auch als «Mondfrau» bezeichnet, die um ihren Mann herumkreisen und von ihm beschienen werden wie der Mond von der Sonne. Das funktioniert übrigens auch in beruflichen Beziehungen – dort nennt man solche Klammeraffen «Chef-Satellit».

Allerdings funktioniert die Beziehung nur so lange, wie der Klammeraffe für seinen Partner irgendeinen Nutzen hat, sei es emotionaler Zuspruch oder bedingungslose Gefolgschaft. Sollte die Attraktivität des Klammeraffen für das von sich selbst überzeugte Arschloch verblassen, wird es ihn gern gegen einen jüngeren, attraktiveren Klammeraffen oder ein feiges Arschloch eintauschen.

Das von sich selbst überzeugte Arschloch und seine idealen Partner

Das von sich selbst überzeugte Arschloch ist, wie wir inzwischen wissen, gar nicht so sehr von sich selbst überzeugt, sondern das ist nur seine äußere Fassade und seine Tarnung – sowohl vor anderen als auch vor sich selbst. Also kommen für diesen Arschlochtyp nur solche Partner in Frage, die es möglichst wenig kritisieren oder – besser noch – zutiefst bewundern.

Ideal sind deshalb das feige Arschloch und der Klammeraffe, denn beide ordnen sich gern unter. Das von sich selbst überzeugte Arschloch wirkt deshalb auf diese beiden Arschlochtypen besonders anziehend und hat selbst auch eine natürliche Affinität zu ihnen. Allerdings neigt es immer wieder dazu, auf der Suche nach diesen beiden Typen auf ein Chamäleon hereinzufallen, das dem von sich selbst überzeugten Arschloch zunächst sehr viel Bewunderung und Idealisierung entgegenbringt. Das ist der unberechenbare Gefühlschaot. Von allen Arschlochtypen hat es der unberechenbare Gefühlschaot ohnehin am schwersten, jemanden zu finden, der mit seinen Gefühlsschwankungen und Launen zurechtkommt. Wenn er dann dem von sich selbst überzeugten Arschloch glaubhaft darlegt, dass er noch niemals jemanden gefunden hat, der ihn so gut versteht, sitzt das von sich selbst überzeugte Arschloch in der Falle! Es wird mit narzisstischer Zufuhr und Lobhudelei angelockt und dann festgebunden! Im Kampf der Geschlechter ist das männliche, von sich selbst überzeugte Arschloch sehr schnell der Kriegsgefangene der unberechenbaren Gefühlschaotin.

In dem Kapitel über die idealen Partner des unberechenbaren Gefühlschaoten wurde bereits auf diese Konstellation eingegangen. Betrachten wir sie nun noch einmal aus dem Blickwinkel des von sich selbst überzeugten Arschlochs, denn diese Beziehung funktioniert nicht nur im privaten Bereich. In ihrer Verstrickung ist sie auch geradezu klassisch in der therapeutischen Beziehung, da es unter den Psychotherapeuten auch etliche von sich selbst überzeugte Arschlöcher gibt.

In einer normalen partnerschaftlichen Beziehung wird eine unberechenbare Gefühlschaotin das männliche von sich selbst überzeugte Arschloch zunächst einmal an sich binden, indem sie ihm genau das gibt, was es sich wünscht: das Gefühl, der Beste, der Schönste, der Einfühlsamste und Größte zu sein. Niemand kann das so gut wie die unberechenbare Gefühlschaotin, wenn sie in der Idealisierungsphase ist. Das von sich selbst überzeugte Arschloch blüht auf und tut alles für diese Partnerin. Wenn es dann zur Entwertungsphase kommt, die unweigerlich folgen muss, ist es sehr verwirrt. Wo ist seine liebende Frau hin verschwunden? Warum beschimpft sie es, droht mit Selbstmord und schneidet sich gar die Arme auf und lässt ihr Blut demonstrativ auf den teuren Perserteppich tropfen? Weiß sie nicht, wie schlecht das Blut wieder rausgeht?

In dieser Phase der Verwirrung ist das von sich selbst überzeugte Arschloch am verwundbarsten. Es sucht nach Lösungen, und oft sehen die so aus, dass es seine Frau zu einem Arzt bringt (und anschließend den Teppich in die Reinigung). Wenn sie damit einverstanden ist, sich in ärztliche Behandlung zu begeben, kettet sie das von sich selbst überzeugte Arschloch weiter an sich. Wenn sie ablehnt und es weiter beschimpft, wandelt sich seine Hilflosigkeit oft in Wut, und es kann passieren, dass es den Krankenwagen, sozialpsychiatrischen Dienst oder gar die Polizei anruft, damit diese es aus der Situation befreien. Falls sie dann per Zwangseinweisung in der Psychiatrie landet, kann zweierlei passieren: Entweder er ist entlastet und kümmert sich nicht weiter um sie, sondern hofft, dass er sie in vier Wochen wieder «normal» zurückbekommt. Oder aber er hat ein schlechtes Gewissen, besucht sie täglich im Krankenhaus, hört sich an, was die Ärzte sagen, und will alles perfekt machen, um aus ihr wieder die Frau zu machen, in die er sich verliebte.

Wenn sie sich allen Therapien bereitwillig unterzieht, wird er ihr Verhalten für sich selbst als «krank» klassifizieren, er kann ihr gegenüber dann weiterhin freundlich bleiben, auch wenn sie ihn beschimpft, weil er sich selbst sagt, das sei ja nicht seine Frau, das sei die Krankheit. Das funktioniert eine ganze Weile. Aber die unberechenbare Gefühlschaotin kann ihr Verhalten nicht nach einem einmaligen Krankenhausaufenthalt so ohne weiteres ablegen, da es Teil ihrer Persönlichkeit ist. Und wenn sich dieses Verhalten trotz wiederholter Therapien über Wochen, Monate oder gar Jahre hinzieht, ist irgendwann auch die Geduld des treuesten von sich selbst überzeugten Arschlochs erschöpft. Es ist mittlerweile an einem Punkt angelangt, da es sich selbst therapeutische Hilfe sucht – und meist gerät es dabei an ein ebenfalls von sich selbst überzeugtes Arschloch als Therapeuten, weil dieses Arbeitsbündnis besonders harmonisch ist.

Im Rahmen der Therapie solidarisiert sich der Therapeut mit dem Patienten, da er sich unbewusst in ihm wiedererkennt, und rät ihm, diese ungesunde Beziehung zu beenden. Und damit das nicht so klingt, als hätte man die kranke Frau verstoßen, wird das Ganze «Selbstfürsorge» genannt. Man stärkt die «Abgrenzungsfähigkeit», lernt das «Nein-Sagen» und auf seine «eigenen Bedürfnisse» zu achten. In einem gewissen Maß ist das auch gut so, aber wenn sich zwei von sich selbst überzeugte Arschlöcher als Therapeut und Patient gegenübersitzen, kann daraus schnell ein Egoismus-Coaching werden. Und so wird aus dem ursprünglich netten von sich selbst überzeugten Arschloch ein egoistisches von sich selbst überzeugtes Arschloch, das noch ganz schnell für seine Frau eine gesetzliche Betreuung (früher Entmündigung genannt) anregt, um sich dann aus dem Staub zu machen. Und dabei fühlt es sich im Recht und hat kein schlechtes Gewissen, schließlich hat es ihr ja professionelle Hilfe besorgt.

Seine Frau macht daraufhin wieder einmal die Erfahrung, dass sie im Stich gelassen wird und sie niemand liebt. Außerdem wusste sie ja gleich, dass der Typ ein Arschloch ist und es nur eine Frage der Zeit wäre, bis er sein wahres Gesicht zeigt. Ihre eigenen Anteile an der Situation erkennt sie nicht, denn häufig findet auch sie ein von sich selbst überzeugtes Arschloch als Therapeuten. Und damit wären wir bei der beruflichen Verstrickung.

Wenn ein von sich selbst überzeugtes Arschloch als Therapeut arbeitet und auf eine unberechenbare Gefühlschaotin trifft, haben wir zunächst wieder die Phase der Idealisierung. Die unberechenbare Gefühlschaotin erklärt dem Therapeuten, dass sie noch nie so gut von jemandem verstanden wurde. Der Therapeut ist geschmeichelt, und es beginnt eine positive Übertragungsbeziehung. Dann berichtet die unberechenbare Gefühlschaotin von ihrem bösartigen Ehemann, der sie immer wieder ins Krankenhaus steckt und jetzt sogar eine gesetzliche Betreuung angeregt hat. Wenn der Therapeut vorsichtig versucht, auch die Sicht des Ehemannes darzulegen, wäre er sofort der Böse. Deshalb neigen von sich selbst überzeugte Arschlöcher dazu, die Idealisierungsphase so lange wie möglich aufrechtzuerhalten, und begründen das gern mit Worten wie: «Sie muss erst mal eine stabile Beziehung entwickeln, ehe sie konfrontiert werden kann.» Das heißt übersetzt: «Ich will keine Konflikte in der Therapie, es ist viel gemütlicher, wenn sie mich weiterhin mag und wir gemeinsam feststellen, dass sie ein Opfer ihres Ehemannes, ihrer Kindheit und aller Umstände ist. Außerdem bricht sie dann nicht vorzeitig die Therapie ab, und ich kriege weiterhin 86 Euro die Stunde von der Krankenkasse.»

Manche von sich selbst überzeugten Arschlöcher ziehen das als Therapeuten bis zum Ende der Therapie durch (natürlich haben sie vorher bis zum Höchstkontingent von 100 Stunden verlängert – 8600 Euro sind nicht zu verachten, irgendwie muss man ja die Raten für den BMW bezahlen). Andere merken irgendwann nach 50 Stunden, dass man so nicht weiterkommt, und versuchen dann doch mal, den Blickwinkel zu verändern. Und dann passiert, was passieren muss – die Entwertung des Therapeuten folgt auf dem Fuße: «Sie sind ja genauso ein Arschloch wie mein Mann!»

Die unberechenbare Gefühlschaotin ahnt gar nicht, wie recht sie damit hat! Denn jetzt könnte eine vergleichbare Kaskade von Ereignissen passieren, falls ihr Therapeut ein Berufsanfänger oder ein Stümper ist. Wenn er ein erfahrener Therapeut ist, kriegt er das hin und kann die Entwertung wieder aufdröseln. Aber leider ist die Welt voller von sich selbst überzeugter Arschlöcher, die als therapeutische Berufsanfänger oder Stümper arbeiten. Und dann geschieht Folgendes:

Der Therapeut kriegt nicht die Kurve. Er nimmt die Entwertungen der Patientin persönlich. Da er aber in seiner Eigenwahrnehmung ein grandioser Therapeut ist, muss es an der Patientin liegen, dass sie nach 50 Stunden immer noch keine Fortschritte gemacht hat. Und so wird ihr die Entwertung zurückgegeben. Im besten Fall stellt der Therapeut fest, dass er ihr selbst nicht helfen kann, und empfiehlt einen Therapeutenwechsel oder gar einen Wechsel des kompletten Psychotherapieverfahrens (wenigstens hat er an ihr dann schon 4300 Euro verdient, und Kollegen müssen ja auch leben).

Im schlimmsten Fall redet er ihr ein, dass sie so schwer krank sei, dass sie nur in einer ganz speziellen Spezialklinik am anderen Ende Deutschlands (Hauptsache weit weg von ihm) behandelt werden könne. Wenn es ganz besonders arg kommt, erfindet er noch eine neue Diagnose für sie und verpasst ihr damit einen lebenslangen Stempel. Während er die Patientin damit losgeworden ist, fühlt er sich selbst gut, da er sie ja «in gute Hände» abgegeben hat. Außerdem ist er stolz auf sich, weil er seine eigenen Defizite erkannte. Dass er diese viel zu spät erkannt und seiner Patientin mehr geschadet als genutzt hat, lässt er nicht gelten. In der Spezialklinik wird man ihr schon helfen. Und falls nicht, so ist das nicht sein Problem, sondern das von anderen.

Im Gegensatz dazu könnte eine Partnerschaft mit dem Eigenbrötler durchaus harmonisch sein, da der Eigenbrötler viel zu sehr mit sich selbst beschäftigt wäre, um das von sich selbst überzeugte Arschloch zu kritisieren. Das Problem könnte allenfalls darin liegen, dass der Eigenbrötler viel zu sehr mit sich selbst beschäftigt ist, um das von sich selbst überzeugte Arschloch ausreichend zu würdigen und zu loben. Aber sollte das von sich selbst überzeugte Arschloch gerade eine Beziehung zu einem unberechenbaren Gefühlschaoten beendet haben, wird es diese Ruhe zu schätzen wissen.

Was tun, wenn man auf inkompatible Arschlöcher trifft?

Nachdem Sie nun wissen, welche Arten von Arschlöchern es gibt, warum sie so wurden, wie sie sind, welcher Arschlochtyp Sie selbst sind und welche Arschlöcher gut zusammen passen, geht es jetzt um die Hohe Schule der Arschlochkunde. Da das Arschloch im Auge des Betrachters liegt, empfinden wir nicht jeden Arschlochtyp als Arschloch. Manche Arschlöcher finden wir sogar ausgesprochen nett, weil sie so gut zu uns passen. Das Problem sind die inkompatiblen Arschlochtypen, die das Schlechteste in uns zum Vorschein bringen. Jene Typen, die unsere bösesten Phantasien anregen, uns dazu bringen, uns Foltermethoden auszumalen oder Intrigen zu spinnen. Kurzum – jene, die das Arschloch in uns selbst wecken und damit den endlosen Kreislauf aus Arschlochverhalten in Gang setzen, aus dem es – wenn wir uns unserer eigenen Arschlochanteile nicht bewusst sind – keinen Ausweg gibt.

Im Umgang mit anderen Arschlöchern sollten wir uns deshalb sehr bewusst sein, welche Arschlochmerkmale bei uns selbst dominieren. Nicht alles, was wir als Angriff erleben, wurde von unserem Gegenüber auch als Angriff gemeint. In vielen Fällen handelt es sich bloß um Missverständnisse. So sollten wir – ehe wir auf das andere Arschloch reagieren – kurz innehalten und überlegen, ob vielleicht etwas in unserem Verhalten unabsichtlich zu einer Provokation dieses Arschlochs geführt hat. Wenn das so ist, können wir uns entscheiden, ob wir weiter Öl ins Feuer gießen oder ob wir freundlich erklären, dass unser Verhalten keine absichtliche Provokation war. Wofür wir uns spontan entscheiden, hängt natürlich auch davon ab, zu welcher Sorte Arschloch wir selbst gehören. Ein feiges Arschloch wird sich eher entschuldigen, während ein Riesenarschloch mit der Faust antwortet. Beides kann in Einzelfällen angebracht sein, aber als pauschaler Lösungsansatz taugt es nicht.

Nicht mal Jesus war so edel und gut, dass er immer die andere Wange hingehalten hat. Davon können die Händler im Tempel zu Jerusalem, deren Stände er in geschäftsschädigender Weise umgeworfen hat, ein Lied singen. Ganz zu schweigen davon, dass er sich auch noch der gefährlichen Körperverletzung schuldig machte, als er anschließend mit der Peitsche auf sie losging. Wir sehen, nicht einmal Jesus war frei von Arschlochanteilen, jedenfalls aus der Sicht der Händler, deren Kinder nun vielleicht hungrig ins Bett mussten, weil Jesus Papas Waren zerstört hatte und nun vielleicht kein Geld mehr zum Einkaufen da war. Die Pharisäer werden das ganz bestimmt bestätigen, denn die hielten Jesus allesamt für ein Arschloch, das man loswerden müsse. Es ist also letztlich gar nicht ungewöhnlich, wenn man in den Augen anderer ein Arschloch ist. Man befindet sich in guter Gesellschaft. Man sollte sich nur immer wieder klarmachen, dass man seine eigenen Arschlochanteile kontrollieren kann, damit sie einem nicht im Umgang mit anderen Arschlöchern im Wege stehen.

Im Folgenden werden deshalb wieder alle Arschlochtypen nacheinander auf die besten Strategien im Umgang mit schwierigen Situationen hin analysiert.

Die besten Strategien im Umgang mit einem Querulanten

Die größten Schwierigkeiten im Umgang mit dem Querulanten werden zweifellos das Riesenarschloch, der unberechenbare Gefühlschaot, die Diva unter den Arschlöchern und das von sich selbst überzeugte Arschloch haben. Alle anderen Arschlochtypen können sich mehr oder weniger mit ihm arrangieren oder ihm aus dem Weg gehen. Aber diese vier Arschlochtypen haben eine Gemeinsamkeit – ihnen fehlt die Geduld, auf die Eigenheiten des Querulanten einzugehen. Das trifft besonders auf das Riesenarschloch und den unberechenbaren Gefühlschaoten zu. Die Diva und das von sich selbst überzeugte Arschloch halten noch etwas länger durch, aber irgendwann platzt auch ihnen der Kragen, wenn sie zu sehr mit unbegründeter Eifersucht oder den Verschwörungstheorien des Querulanten belastet werden.

Schauen wir uns jetzt mal ein paar Alltagssituationen an, in denen jeder von uns mit einem Querulanten aneinandergeraten könnte.

Da wäre beispielsweise Jürgen, seines Zeichens ein begeisterter Motorradfahrer. Jürgen ist kein Mitglied eines berüchtigten Motorradclubs, sondern arbeitet bei der Kriminalpolizei. Er ist gerade neu in das Mehrfamilienhaus eingezogen, wo eine Querulantin namens Angelika lebt, die vergeblich versucht hat, ihn auszufragen. Und nun gibt er seine Einweihungsfeier. Seine Freunde sind ebenfalls begeisterte Motorradfahrer und besuchen ihn natürlich mit dem Bike. Sie parken die Motorräder ordnungsgemäß ein und benehmen sich auch sonst ganz normal. Aber sie tragen schwarze Lederklamotten, und das in Verbindung mit ihren Motorrädern lässt für Angelika nur einen Schluss zu: In der Wohnung unter ihr ist ein krimineller Rocker eingezogen! Deshalb ist der Typ also allen Gesprächen ausgewichen. Der dealt bestimmt mit Drogen und schickt seine Mädels auf den Strich. Und dann auch noch diese laute Affenmusik, die sie da spielen! Damit kann Angelika, die im Kirchenchor singt, nun gar nichts anfangen. Zwar ist es erst 21 Uhr, und die Nachtruhe beginnt erst um 22 Uhr, aber Angelika hat die Nase voll. Diesem verdammten Rocker muss man gleich zeigen, wo der Hammer hängt, ehe das einreißt und kriminelle Machenschaften ihre schöne Nachbarschaft zerstören. Sie will keine Dealer und Zuhälter in ihrer Umgebung haben!

Also klingelt Angelika an Jürgens Tür.

«Hören Sie mal zu!», faucht sie, kaum dass er geöffnet hat. «Wenn Sie glauben, dass Sie hier die Nacht zum Tag machen können und mit ihrer Rockerbande unser ordentliches Viertel in Angst und Schrecken versetzen wollen, dann sind Sie bei mir an der falschen Adresse! Wenn bei Ihnen nicht Punkt 22 Uhr Ruhe herrscht, dann hole ich die Polizei!»

Nun hätte Jürgen mehrere Möglichkeiten, darauf zu antworten. Er könnte ihr versprechen, dass um 22 Uhr Ruhe ist. Er könnte ihr auch sagen, dass er kein krimineller Rocker, sondern Polizeibeamter ist und die Hälfte seiner Gäste ebenfalls Kollegen sind und nichts Böses im Schilde führen. Das würde er vermutlich tun, wenn seine divenhaften oder von sich selbst überzeugten Arschlochanteile überwiegen würden. Allerdings hat Jürgen Menschenkenntnis und ist schon länger im Geschäft. Er weiß, dass Frauen wie Angelika, wenn sie erst mal wissen, dass er Polizist ist, mit jedem Mist bei ihm klingeln werden, um Nachbarn zu denunzieren. Wenn bei Jürgen nun die Riesenarschlochanteile die Führung übernehmen, würde er sich einen Spaß daraus machen, Angelika tatsächlich dazu zu provozieren, die Polizei zu rufen, und seinen anrückenden Kollegen dann seine Querulanten-Nachbarin vorstellen, um sie bloßzustellen.

Aber wie gesagt, Jürgen ist schon länger im Geschäft und wählt deshalb eine sehr neutrale Strategie. Er sagt einfach: «Ist in Ordnung. Ich wünsche Ihnen noch einen schönen Abend», und schließt die Tür. Nun ist Angelika verunsichert. Was meinte er mit «Ist in Ordnung»? Wird Punkt 22 Uhr Ruhe sein, oder will er es riskieren, dass sie die Polizei ruft? Warum wird dieser kriminelle Rocker nicht laut und aggressiv? Was stimmt hier nicht? Den Rest des Abends wird Angelika damit verbringen, mit dem Ohr am Fußboden zu lauschen, ob sie nicht doch noch etwas von der Affenmusik nach 22 Uhr hört, um einen Vorwand zu haben, die Polizei zu rufen. Durch seine kurze Antwort, die höflich ist, aber verschiedene Interpretationsmöglichkeiten offen lässt, hat Jürgen Angelika den Wind aus den Segeln genommen und ihren Angriff erst mal ins Leere laufen lassen. Er hat sie somit auf Abstand gehalten und ist nicht in die Falle getappt, sich als Polizist zu outen.

Und damit hätten wir eine der erfolgreichsten Strategien im Umgang mit dem Querulanten. Kurze, diplomatische Antworten, die man auf mehrere Arten deuten kann. Das gibt dem Querulanten etwas zum Grübeln, und anstatt Sie weiter zu nerven, erfindet er dazu die passende Geschichte. Sie können damit nicht viel falsch machen, denn der Querulant wird ohnehin immer die passende Geschichte zu allem erfinden – ganz gleich, was Sie wirklich sagen oder tun.

Ideale Floskeln im Umgang mit einem angreifenden Querulanten sind:

«Ich habe Sie verstanden.»

«Ist schon okay, ich habe es gehört.»

«Ganz wie Sie meinen.»

Je nach Betonung kann es freundlich oder nach «Leck mich am Arsch» klingen. Aber der Vorteil liegt darin, dass Sie – ähnlich wie ein Berufspolitiker – keine Angriffsfläche bieten. Bei derartigen Floskeln wird es dem Querulanten unmöglich gemacht, Ihnen die Worte im Munde umzudrehen.

Und noch etwas ist wichtig: Rechtfertigen Sie sich niemals vor einem Querulanten. Wenn Sie ihn mögen, können Sie gern begründen, warum Sie sich so verhalten, aber lassen Sie es niemals wie eine Rechtfertigung klingen, sondern allenfalls wie eine wohlmeinende Erklärung. Wenn sich jemand rechtfertigt, bedeutet das für den Querulanten, dass er selbst mit seinen Vermutungen recht hatte, denn sonst würde sich sein Gegenüber ja nicht rechtfertigen. Lassen Sie sich auf keine Grundsatzdiskussionen mit ihm ein – außer Sie sind ein bürokratisches Arschloch, denn dann sind Sie in der Lage, ihm anhand der Gesetzeslage zu beweisen, warum seine Ideen Unsinn sind. Aber auch das ist nicht immer von Erfolg gekrönt – viele Querulanten sind schlichtweg unbelehrbar.

Falls Sie einen Querulanten als Nachbarn oder gar Vermieter haben und bereits in sein Visier geraten sind, wird es schwieriger. Denn dann hat der Querulant bereits seine vorgefasste Meinung und wird alles daransetzen, Sie zu einem

Verhalten zu provozieren, das diese Meinung bestätigt. Das passiert seitens des Querulanten allerdings unbewusst. In der Psychologie nennt man das projektive Identifikation – der Querulant verhält sich so, dass sich sein Gegenüber unbewusst in der von ihm erwarteten Weise verhält, und fühlt sich dadurch bestätigt. Wenn ich also sehr aggressiv auftrete, wird mein Gegenüber sich sofort in eine Verteidigungshaltung bringen oder mit Gegenaggression reagieren. Und da der Querulant voller unbewusster Aggressionen ist, tritt er immer unterschwellig aggressiv und angespannt auf. Wenn man nun jedoch nicht so reagiert, wie er es unbewusst erwartet – nämlich mit Rechtfertigung oder Gegenaggression –, ist er aus dem Konzept gebracht.

Eine harte Verteidigungswand wird von der Aggression des Querulanten wie ein Rammbock bearbeitet und irgendwann mürbe.

Wenn man aber wenig konkret bleibt, dabei jedoch immer höflich, geht die Aggression des Querulanten ins Leere.

Angenommen, Ihr Nachbar ist der Querulant und beklagt sich darüber, dass Ihre Kinder so laut sind. Dann können Sie sich rechtfertigen und Ihre Kinder zur Ruhe rufen (was Sie auch ruhig tun sollten, wenn die Beschwerde des Querulanten begründet und nachvollziehbar ist). Wenn er aber übertreibt und es schon als Zumutung empfindet, wenn Ihre Kinder im Garten sitzen und sich in normaler Lautstärke unterhalten, können Sie auch eine andere Strategie wählen, um ihm sein Verhalten abzugewöhnen.

Folgender Dialog soll hier als Beispiel dienen.

Querulant (Q): «Ihre Kinder sind schon wieder so laut! Rufen Sie die gefälligst mal zur Ruhe!»

Sie (S): «Was ist denn vorgefallen?»

Q: «Ihre Kinder sind zu laut!»

S: «Ich höre gerade nichts. Was genau stört Sie denn?»

Q: «Die lachen so laut.»

S: «Aha.»

Q: «Und mehr haben Sie nicht dazu zu sagen?»

S: «Stört es Sie, wenn Menschen lachen?»

Q: «Wenn es in der Mittagsruhe ist, dann ja!»

S: «Aha.»

Z: «Also rufen Sie Ihre Gören jetzt zur Ordnung?»

S: «Ich soll meinen Kindern sagen, dass sie nicht mehr lachen dürfen?»

Q: «Jedenfalls nicht während der Mittagsruhe.»

S: «Ist gut, ich werde meinen Kindern sagen, dass sie zum Lachen während der Mittagsruhe in den Keller gehen sollen.»

An diesem Punkt wird der Querulant entweder irritiert sein oder sauer werden. Wenn er sauer wird, wird er vermutlich noch eine Unflätigkeit loslassen und sich dann frustriert abwenden. Wenn der Querulant einen Hauch von Humor hat, wird er irritiert sein. Und dann können Sie noch einen nachsetzen, indem Sie ihn fragen, ob er Angst hätte, dass Ihre Kinder ihn dann im Keller treffen, wo er anscheinend auch immer zum Lachen hingehe. Wenn Sie großes Glück haben, bringt das den Querulanten zum Lachen. Wenn nicht, wird er spätestens jetzt sauer und lässt Sie nach einer letzten unflätigen Beleidigung stehen. Aber er wird künftig wissen, dass es nichts bringt, sich bei Ihnen zu beschweren. Natürlich wird er ab und zu gern mal wieder zum Meckern vorbeikommen, aber wenn Sie ihn jedes Mal freundlich, aber bestimmt in ein solches Gespräch verwickeln, lässt er es entweder irgendwann bleiben, oder aber es wird ein liebgewonnenes Ritual, das die Nachbarschaftsbande stärkt – der Querulant lässt seinen Unmut raus, letztlich weiß er, dass es an Ihnen abperlen wird, aber er kann seinem Motto «Das wird man wohl noch sagen dürfen» treu bleiben.

Zusammenfassend lässt sich sagen, dass man den Querulanten nicht provozieren, sondern getreu dem altbekannten Spruch «Was schert es eine Eiche, wenn sich eine Wildsau daran scheuert» einfach an sich abprallen lassen sollte.

Die besten Strategien im Umgang mit einem Eigenbrötler

Eigentlich ist es schwierig, mit dem Eigenbrötler, der sich am liebsten zurückzieht und seine Ruhe haben will, in Streit zu geraten. Aber dennoch haben auch Eigenbrötler die Fähigkeit, andere Menschen in den Wahnsinn zu treiben, vor allem, wenn es um Teamarbeit geht.

Stellen wir uns einmal vor, Felix, ein kreativer Eigenbrötler, soll mit Ludwig, bei dem die bürokratischen Arschlochanteile überwiegen, zusammenarbeiten. Beide sind in der Werbung tätig und sollen einen griffigen Slogan für ein neues Deodorant namens «Sumilo» entwickeln.

Felix, unser Eigenbrötler, wird sofort mit dem Brainstorming beginnen und dabei alles unter die Leute werfen, was ihm so einfällt, während Ludwig von vornherein effizient arbeiten möchte und deshalb nur solche Vorschläge macht, die auch irgendwie verwertbar sind. Und so könnte es dann zu folgendem Dialog kommen:

Felix: «Wie wäre es mit *Waschen war gestern, heute ist Sumilo!*»

Ludwig: «Das hättest du vielleicht im Rokoko verkaufen können. Wer kauft denn ein Deo, das gegen das Waschen ist.»

Felix: «Okay, dann eben *Sumilo gibt dem Körpergeruch keine Chance!*»

Ludwig (seufzend): «Körpergeruch ist als Wort seit den achtziger Jahren out. Heute geht es um Sex und Erotik.»

Felix: «Du stellst ganz schön hohe Ansprüche. Wie wäre es mit: *Der Duft, der unsere Rente rettet.*»

Ludwig (verdreht die Augen): «Das ist abtörnend.»

Felix: «Nein, das ist intelligent, von wegen, der Duft macht sexy, und als Folge gibt es Partnerschaften, Schwangerschaften und dann zukünftige Rentenbeitragszahler.»

Ludwig (genervt): «Ich habe den Eindruck, du machst dich über mich lustig.»

Felix (erstaunt): «Von wegen, ich versuche hier kreativ zu brainstormen. Von dir kommt ja gar nichts. Dann mach doch einen besseren Vorschlag.»

Ludwig: «Vielleicht sollten wir erst mal Eigenschaften sammeln, die wir transportieren wollen, und dann aus diesen Eigenschaften einen griffigen Slogan machen.»

Felix: «Ach, jetzt kommst du wieder mit deiner Flip-Chart. Was willst du denn für Begriffe? Sexy, Schönheit, Duft? Na los, dann mach daraus mal einen griffigen Slogan.»

Ludwig: «Wie wäre es, wenn wir einfach nur an der Betonung von Sumilo arbeiten? Stell dir eine dunkelhaarige Schönheit vor, die in bordeauxfarbenen Dessous einfach nur ‹Sumilo› haucht. Und dann fügt eine männliche Stimme hinzu: ‹Der Duft der wilden Frau.› Was meinst du?»

Felix: «Bei wilder Frau denke ich an ungepflegte Weiber mit haarigen Beinen, die sich zudem Zöpfe in den Achselhöhlen flechten können.»

Ludwig (leicht verzweifelt): «Dann lass uns doch ein Synonym für wild suchen, falls dir die Grundidee gefällt.»

Felix: «Heftig, ruppig, jäh, gefährlich.»

Ludwig: «Ein erotisches Synonym. Wie wäre es mit ‹ungezähmt›?»

Felix: «Das finde ich sexistisch. Als wenn eine Frau gezähmt werden müsste.»

Ludwig: «Wer sagt denn, dass sie gezähmt werden muss? Sie ist halt ungezähmt, weil sie emanzipiert ist.»

Felix: «Das ist sexistisch, weil du damit die Emanzipation als etwas für Wilde darstellst. Ich bin eher für was Intelligentes.»

Ludwig: «Wenn es zu intelligent ist, geht es an der Hälfte der Kundschaft vorbei. Lass uns jetzt bitte allgemeingängige Synonyme aufschreiben.»

Vermutlich haben sich Ludwig und Felix bis heute nicht geeinigt, da ihre Denkstrukturen einfach zu unterschiedlich sind. Der Eigenbrötler lässt sich nur sehr ungern Fesseln in seiner

Kreativität anlegen, außer er trägt selbst einige Anteile des bürokratischen Arschlochs in seinem Charakter. Aber in seiner Reinform muss man den Eigenbrötler so nehmen, wie er ist. Und so wäre es vermutlich viel hilfreicher gewesen, wenn Ludwig Felix' Vorschläge allesamt aufgeschrieben hätte – selbst die unsinnigsten – in der Hoffnung, dass Felix sich steigert und aus dem Unsinn irgendwann etwas Brauchbares wird. Eigenbrötler sind nun mal keine Teamplayer, wer das von ihnen erwartet, braucht starke Nerven, aber selbst die garantieren nicht, dass man irgendwann den Eindruck bekommt, der Eigenbrötler wolle einen verarschen.

Mit dem Eigenbrötler bekommt man immer dann Probleme, wenn man ihn in eine Gruppe integrieren möchte, die nach anderen Regeln funktioniert. Der Eigenbrötler ist einfach nicht dazu in der Lage, sich dauerhaft anzupassen, er braucht seine Freiheit und wird sich allen Zwängen schnell entziehen. So wie Häuptling Winnetou, der lieber den Helden in fernen Landen spielte, als sich um die Belange seines Stammes zu kümmern. Unbestritten war Winnetou gut in dem Job als Held, aber das war nun mal nicht sein Ausbildungsberuf, sondern sein Hobby. Und das ist die große Crux des Eigenbrötlers – er neigt dazu, seine Hobbys über seine Pflichten zu stellen. Im besten Fall macht er sein Hobby zum Beruf, und zwar als Freiberufler, da muss er mit niemandem zusammenarbeiten. Aber sobald der Eigenbrötler gezwungen ist, sich dauerhaft an unflexible Strukturen zu halten, wird er unleidlich.

Wenn man sich im Umgang mit dem Eigenbrötler klarmacht, dass er nicht aus Böswilligkeit so reagiert, sondern dass es einfach seine Art ist, die er nur schwer oder gar nicht verändern kann, wird das Leben mit ihm viel einfacher. Man sollte seine Stärken fördern und ihm eine Aufgabe zuteilen, die er für sich allein auf seine unnachahmliche Weise bewältigen kann. Dann ist er ein hochmotivierter, zuverlässiger Mitarbeiter und auch in der Partnerschaft ein guter Kamerad. Kurzum – er ist ein recht angenehmes Arschloch, für das man gar nicht so viele Strategien benötigt, wenn man ein gewisses Maß an Toleranz aufbringt.

Ein weiteres Problem im Umgang mit dem Eigenbrötler ist die Art, wie er anderen seine Wertschätzung zeigt – nämlich meistens gar nicht. Er geht davon aus, dass die Menschen wissen, dass er sie mag. So wird der Eigenbrötler niemals große Liebesbezeigungen aussprechen, sondern für ihn ist es völlig klar, dass er nur mit jemandem zusammen ist, den er liebt oder zumindest sehr sympathisch findet. Ansonsten wäre er längst weg.

Dem Eigenbrötler genügt es auch, einfach schweigend mit seinem Partner auf dem Sofa zu sitzen, während jeder irgendetwas für sich allein macht, sei es mit dem Smartphone rumspielen oder stricken. Dadurch wirkt er auf manche Menschen eher unhöflich und uninteressiert, tatsächlich merkt er das aber gar nicht, weil es für ihn der größte Vertrauensbeweis ist, seinen normalen Tätigkeiten in der Gegenwart eines anderen nachzugehen.

Wenn der Eigenbrötler nun allerdings auf ein von sich selbst überzeugtes Arschloch trifft, kann das zu gewaltigen Missverständnissen führen, denn genau dasselbe Verhalten ist beim von sich selbst überzeugten Arschloch ein Zeichen von Missachtung. Während der Eigenbrötler sein Vertrauen beweist, glaubt das von sich selbst überzeugte Arschloch, mit Missachtung gestraft zu werden – und das völlig ohne Grund, schließlich war man doch vorher immer so nett und freundlich!

Die beste Strategie besteht deshalb darin, das Gegenüber immer als Gesamtpersönlichkeit wahrzunehmen. Redet er normalerweise viel und ist ein guter Unterhalter? Dann ist davon auszugehen, dass ein stilles, zurückgezogenes oder missachtendes Verhalten ein deutliches Zeichen des Missfallens ist. Aber wenn er immer so ist und noch dazu die übrigen Eigenschaften eines Eigenbrötlers aufweist, sollte man sich darüber nicht aufregen, sondern dieses Verhalten als das betrachten, was es ist – ein Vertrauensbeweis.

Die besten Strategien im Umgang mit einem Riesenarschloch

Das Riesenarschloch ist der Arschlochtyp, mit dem garantiert schon mal jeder von uns aneinandergeraten ist. Nicht umsonst ist das Riesenarschloch der König der Arschlöcher.

Wenn Sie einen miesen Rüpel treffen, der sich in der Warteschlange vordrängelt, Ihnen mit Prügeln droht, wenn Sie sich nicht so verhalten, wie er es sich wünscht, und auch ansonsten keinerlei Respekt vor den Rechten und dem Eigentum anderer hat, haben Sie zweifelsohne ein Riesenarschloch vor sich.

Sollten Sie beispielsweise in einer Kneipe sein und von einem Riesenarschloch mit dem Spruch «Ey, was guckst du so?» angemacht werden, gibt es zwei Möglichkeiten. Wenn Sie Bodybuilder sind und das Riesenarschloch allein und ohne seine Clique ist, können Sie getrost sagen: «Verzieh dich, Alter!»

Wenn das Riesenarschloch weiterhin Stunk macht, hauen Sie einmal mit der Faust auf den Tisch und drohen ihm, dasselbe mit seiner Nase zu machen, falls er nicht abhaut. Meistens reicht das, sofern das Riesenarschloch Sie als den Stärkeren erkennt. Falls das Riesenarschloch dumm ist und Sie angreift, scheuern Sie ihm eine. Diese Sprache versteht das Unterschicht-Riesenarschloch, und vielleicht lädt es Sie danach noch zu einem Bier ein. Das sollten Sie als Unterwerfungsgeste annehmen. Vielleicht haben Sie nun einen neuen Freund gewonnen. Unterschicht-Riesenarschlöcher sind in ihrem Verhalten ein bisschen mit Rudeltieren zu vergleichen, die sich in Rangkämpfen beweisen müssen. Wenn Sie die Chance haben, Alpha-Wolf zu werden, greifen Sie zu – es schadet nie, ein Rudel von Riesenarschlöchern zu kommandieren, denn dann wird man wenigstens nicht von ihnen verprügelt.

Sollten Sie kein Bodybuilder sein oder das Riesenarschloch in Begleitung seiner Clique antreffen, sollten Sie sich lieber zurückziehen. Riesenarschlöcher zeigen gern ihre Dominanz, indem sie auf Schwächere einprügeln oder sie ausrauben. Die sicherste Strategie ist dann, dem Riesenarschloch aus dem Weg zu gehen. Man kann mit einem Riesenarschloch nicht diskutieren. Entweder, man ist stärker und haut ihm auf die Schnauze, oder man zieht sich zurück. Dazwischen gibt es gar nichts.

Sollten Sie zufällig Sozialarbeiter sein und auf eine Horde 15-jähriger Riesenarschlöcher treffen, wundern Sie sich nicht, wenn die Jungs (oder Mädchen) mit Ihnen nicht diskutieren wollen, sondern Ihnen lieber die Zähne einschlagen und Ihren Strickpulli aufribbeln. Wenn Sie Sozialarbeiter sind und ein einsames Riesenarschloch im Knast treffen, wundern Sie sich nicht, wenn es weint und Ihnen verspricht, so etwas nie wieder zu tun. In diesem Augenblick versucht das Riesenarschloch bloß, seine soziale Situation durch Unterwürfigkeit zu verbessern. Sobald es Sie um den Finger gewickelt hat, wird es so weitermachen wie bisher.

Machen Sie niemals den Fehler, ein Riesenarschloch an seinen Worten zu messen. Riesenarschlöcher lügen, denn das ist ihre Natur. Ein Riesenarschloch wird Ihnen alles erzählen, was Sie hören wollen, nur um Vorteile zu haben. Messen Sie Riesenarschlöcher immer nur an ihren Taten. Wenn ein Riesenarschloch verspricht, künftig alles besser zu machen, glauben Sie ihm erst, wenn es das auch bewiesen hat. Das war ursprünglich ja auch mal der Sinn der Bewährungsstrafe. Dieses Konzept wurde genau auf Riesenarschlöcher zugeschnitten – leider nützt es nicht viel, da die meisten Riesenarschlöcher mit dem Begriff der «Bewährung» nichts anfangen können und denken, das sei ein Freispruch. Erst wenn sie dann beim Bruch der Bewährungsauflagen Konsequenzen spüren, fangen sie vielleicht – aber auch nur ganz vielleicht – damit an, über die Folgen ihrer Taten nachzudenken. Deshalb ist es unter Riesenarschlöchern auch weit verbreitet, Streitigkeiten selbst zu schlichten – einen Faustschlag ins Gesicht versteht jedes Riesenarschloch.

Während es relativ leicht ist, mit dem Unterschicht-Riesenarschloch fertigzuwerden – entweder man verprügelt es, zieht sich zurück oder ruft die Polizei –, ist der Umgang mit dem Oberschicht- und Mittelschicht-Riesenarschloch etwas komplizierter, da seine Handlungen subtiler und dem Gesetz scheinbar angemessener sind. Die Riesenarschlöcher der oberen Schichten sind die Meister der Intrige. Das kann von der leichten Bürointrige bis zum Bestellen eines Auftragskillers reichen. Die Gefahr besteht darin, dass das gehobene Riesenarschloch nicht sofort zurückschlägt, sondern abwartet – und dann sehr schmerzhaft und gezielt handelt.

Wenn Sie also merken, dass Sie es mit einem hinterlistigen Bürointriganten zu tun haben, gibt es drei Möglichkeiten: Am sichersten ist es, die Intrige gleich aufzudecken und den Typen zur Rede zu stellen oder den Betriebsrat einzuschalten. Sollte das Riesenarschloch jedoch selbst der Chef sein oder im Betriebsrat sitzen, fällt diese Möglichkeit flach. Dann bleiben Ihnen die beiden anderen Möglichkeiten: Entweder starten Sie eine Gegenintrige, was sehr kompliziert ist, oder Sie suchen sich einen neuen Job. Auf Dauer werden Sie, wenn Sie in die Schusslinie eines gehobenen Riesenarschlochs geraten sind, nur dann bestehen können, wenn das Riesenarschloch verschwindet. Und wenn Sie es nicht selbst ausschalten können, ist der Jobwechsel die einzige Alternative, um jahrelangem Mobbing aus dem Weg zu gehen. Manche Opfer von Riesenarschlöchern wählen auch den Weg, sich monatelang krankschreiben zu lassen, aber das ist letztlich keine Lösung – abgesehen davon, dass man das Riesenarschloch vielleicht damit ärgern kann, dass es den Job nun allein machen muss.

Die beste Umgangsstrategie bleibt einfach, Riesenarschlöcher zu meiden und ihnen aus dem Weg zu gehen. Hoffen Sie nicht, dass Sie sie bekehren können. Auch als Sozialarbeiter oder Pastor sollten Sie Ihre Grenzen kennen und sich lieber den Opfern der Riesenarschlöcher zuwenden, denn die können wirklich jede Hilfe gebrauchen. Die Riesenarschlöcher können meist sehr gut für sich selbst sorgen. Sollte Ihnen allerdings ein hilfesuchendes, reuiges Riesenarschloch über den Weg laufen, das nicht länger ein Riesenarschloch sein will (und das nicht nur sagt, um vorzeitig aus dem Knast entlassen zu werden), sollten Sie Ihre Hilfe nicht versagen.

Leider ist das Riesenarschloch in seiner Reinausprägung nicht in der Lage, sich in andere hineinzuversetzen. Es macht sich keine Gedanken, was in seinen Opfern vorgeht, sondern es sagt sich: «Besser die als ich.»

Die Therapie eines Riesenarschlochs stellt sogar ausgewachsene forensische Psychiater vor massive Schwierigkeiten. Insbesondere dann, wenn das Riesenarschloch zur Unterkategorie «Psychopath» gehört. Wenn Sie nicht gerade beruflich mit diesen Riesenarschlöchern zu tun haben, hier nochmals der Rat für die beste Umgangsstrategie: Meiden Sie Riesenarschlöcher! Sie können diese Typen nicht ändern. Sie werden nur unnötig Prügel im wörtlichen oder übertragenen Sinne kassieren. Für nichts und wieder nichts.

Falls Sie zufällig als Diplomat arbeiten und der Regierungschef des Landes, in dem sie eingesetzt sind, ein Riesenarschloch ist, lernen Sie einfach ein paar der üblichen diplomatischen Floskeln und geben Sie dem Despoten scheinbar recht, ohne wirklich etwas zu sagen. Jetzt wissen Sie auch, warum Diplomaten und Politiker immer so nichtssagend reden – das lernt man automatisch im Umgang mit Riesenarschlöchern, wenn man keinen Krieg provozieren will. Die USA haben uns im Irakkrieg gezeigt, dass man mit Riesenarschlöchern auch anders umspringen kann, aber wirklich was genützt hat es nicht, denn für jedes Riesenarschloch, das man aus der Politik gewaltsam vertreibt, tauchen gleich mehrere neue auf, wenn man ein Machtvakuum schafft. Die betroffenen Iraker und ihre davon mitbetroffenen Nachbarn, die Syrer, werden das garantiert bestätigen. Jetzt haben sie nicht nur mit despotischen, sondern auch noch mit religiösen Riesenarschlöchern zu tun, die zuvor von einem einzelnen despotischen Riesenarschloch im Zaum gehalten worden waren. Ist wie in dem Beispiel mit der Kneipe – das stärkste Riesenarschloch ist der Alpha-Wolf. Aber wenn es weg ist, will jedes Riesenarschloch Kalif anstelle des Kalifen sein, um es mal mit den Worten Isnoguds, des bitterbösen Großwesirs (und seines Zeichens ebenfalls ein Riesenarschloch), auszudrücken ...

Die besten Strategien im Umgang mit einem unberechenbaren Gefühlschaoten

Der unberechenbare Gefühlschaot hat, wie wir ja inzwischen wissen, Probleme damit, Menschen als gut und böse in einer Person wahrzunehmen. Er kennt nur schwarz oder weiß, Grauschattierungen sind ihm unbekannt. Und so kann der heute noch heiß und innig liebende unberechenbare Gefühlschaot bereits morgen Ihr erbittertster Feind sein, wenn es besonders schlecht gelaufen ist. In seinen Gefühlen ist er maßlos – er hasst genauso überschwenglich, wie er zuvor geliebt hat.

Und da man nur wenig Einfluss darauf hat, wann der unberechenbare Gefühlschaot wieder umschwenkt und vom größten Liebenden aller Zeiten zum hasserfüllten Verfolger wird (oder umgekehrt), ist es sehr schwierig, dieses Verhalten auszuhalten.

Im Großen und Ganzen gibt es zwei Strategien im Umgang mit diesem Arschlochtypus: Entweder man versteht und verzeiht alles, weil man weiß, dass der unberechenbare Gefühlschaot meist eine sehr schwere, traumatische Kindheit hatte. Wer das kann, wird meistens Sozialarbeiter oder aber Psychotherapeut und spezialisiert sich auf die Behandlung von besonders schlimm betroffenen unberechenbaren Gefühlschaoten.

Wer keine Lust auf psychotherapeutisches Geschwafel und ewiges Verständnis hat, kann stattdessen versuchen, den unberechenbaren Gefühlschaoten wie einen ganz normalen Menschen zu behandeln. Selbst auf die Gefahr hin, ihn tödlich zu beleidigen, kann man ihm sagen, dass man sein Verhalten unangemessen findet und sauer ist. In vielen Fällen ist der unberechenbare Gefühlschaot sogar dankbar für diese neue Erfahrung, denn bislang wurde er entweder von Riesenarschlöchern verprügelt, von Eigenbrötlern gemieden oder von wohlmeinenden Therapeuten (vom Typ selbstüberzeugtes Arschloch) zunächst in Watte gepackt und dann, wenn er keine Fortschritte machte, als nicht therapierbar auf die Straße gesetzt.

Am Anfang mag es dem unberechenbaren Gefühlschaoten noch schwerfallen, auf Kritik angemessen zu reagieren, aber wenn man sich nichts dabei denkt, falls er ausflippen oder mit Selbstmord drohen sollte, sondern lieber den Arzt ruft, wird der unberechenbare Gefühlschaot entweder lernen, sein Verhalten angemessen zu modifizieren oder den Kontakt zu Ihnen abbrechen, weil Sie ein blödes Arschloch sind, das ihn nicht versteht und genauso fies ist wie alle anderen. In beiden Fällen sind Sie aus dem Schneider – entweder kommen Sie mit dem unberechenbaren Gefühlschaoten nach einiger Zeit gut klar, oder er verschwindet aus Ihrem Leben. Wenn Sie allerdings ein Helfersyndrom haben und jeden retten wollen, haben Sie ein Problem, wenn der unberechenbare Gefühlschaot den Kontakt abbricht. Denn dann fühlen Sie sich ganz schlecht und haben massive Schuldgefühle. Aber damit müssen Sie selbst fertigwerden, dafür gibt es keine Patentlösung. Am besten, Sie suchen einen Psychotherapeuten auf und versuchen im Rahmen der Therapie herauszufinden, warum Sie überhaupt ein Helfersyndrom haben und was Sie dagegen tun können.

Wenn Sie mit einer abgeschwächten Form des unberechenbaren Gefühlschaoten zu tun haben oder mit Menschen, die nur einige seiner Anteile in sich tragen, werden Sie vermutlich im Berufsleben mit den Marotten dieses Arschlochtyps konfrontiert werden. Sie erkennen diesen Typus daran, dass Sie – sollten Sie mit ihm in Streit geraten – den Streit nicht so ohne weiteres beilegen können, indem Sie die Aussprache suchen. Im Gegenteil, jemand, der nur eine leichte Ausprägung des unberechenbaren Gefühlschaoten in sich trägt, wird eine Zeitlang darauf beharren, dass Sie im Unrecht sind, und irgendwann, ohne dass Sie wissen, warum, wieder ganz normal auf Sie zukommen und mit Ihnen reden und arbeiten, als wäre nichts gewesen. Der Konflikt wird totgeschwiegen, als hätte er nie existiert.

Wenn Sie dieses Verhaltensmuster bei einem Ihrer Kollegen beobachten, belassen Sie es dabei. Akzeptieren Sie einfach, dass Sie Ihren Kollegen nicht ändern können. Zwingen Sie ihn nicht zu Aussprachen oder gemeinsamen Supervisionen, denn im schlimmsten Fall wird das den Konflikt nicht lösen, sondern nur verschärfen. Oder die Supervision wird selbst als Waffe eingesetzt. Hierzu eine ganz reale Situation aus meinem eigenen Berufsleben:

Als ich in einer kleinen Psychotherapie-Klinik arbeitete, gab es regelmäßig Teamsupervisionen, in denen unter Leitung eines externen Supervisors, seines Zeichens Psychologe, Konflikte im Team angesprochen und geklärt werden sollten, um die Arbeitseffizienz zu steigern. Das ist übrigens Standard in psychiatrischen und psychosomatischen Kliniken, und meistens funktioniert das auch sehr gut. Wenn man allerdings Kollegen unter sich hat, die Konflikte nicht aushalten, kann Folgendes passieren: Anstatt dass man es gleich anspricht, wenn man sich über irgendetwas ärgert, wird alles still für die Supervision gesammelt und dann dort dem völlig ahnungslosen «Täter» um die Ohren gehauen – mit dem Ziel, ihn fertigzumachen. In jener Klinik, in der ich damals arbeitete, wurden vor Beginn der Supervision von einigen Kolleginnen regelrechte Bündnisse geschlossen, in denen sie überlegten, wer diesmal in der Supervision «dran» wäre. Und dann wurde dem oder der Betroffenen mitleidlos jeder noch so kleine Fehler oder das, was dafür gehalten wurde, fast schon hasserfüllt um die Ohren geschlagen, während man im normalen Dienstgeschäft immer nur ein scheißfreundliches Lächeln bekam. Folgende Dialoge waren so üblich:

«Du hast vor zwei Wochen nach dem Blutabnehmen nicht den Stauschlauch weggeräumt, sondern ihn einfach liegenlassen.»

«Warum hast du mich nicht darauf hingewiesen, dass ich das vergessen habe?»

«Das ist nicht meine Aufgabe, daran hast du selbst zu denken, aber du denkst ja nie an was!»

«Was ist denn bitte so schlimm daran, mich sofort darauf hinzuweisen, wenn ich etwas vergessen habe? Das war ja keine Absicht.»

«Du räumst ja nie richtig auf! Und ich sehe nicht ein, immer hinter dir herzuräumen!»

Oder eine andere Version:

«An dir stört mich, dass du schlecht über Kollegen redest!»

«Wann habe ich denn schlecht über Kollegen geredet?»

«Na, gestern, als du sagtest, der Jochen komme in letzter Zeit immer zu spät zu den Übergaben.»

«Das war kein schlechtes Reden, sondern lediglich die Feststellung einer Tatsache. Das habe ich ihm auch selbst ins Gesicht gesagt.»

«Du schluderst über Kollegen! Das finde ich unerträglich an dir!»

Wenn man dann aber den Spieß umdrehte und sagte: «Mich nervt es, dass du nie den Mund aufkriegst, wenn dich was stört, sondern immer bis zur Supervision wartest und dich dann mit

anderen zusammenrottest, um deine Anklagen vorzubringen»,
bekam man Folgendes zur Antwort: «Das liegt daran, dass du
nicht teamfähig bist! Du hast das Prinzip der Supervision nicht
verstanden! Hier kann man alles sagen, was einen stört! Dafür
gibt es ja die Supervision – damit man hier alles anspricht und
wieder normal arbeiten kann!»

«Falsch, das ist nicht der Sinn einer Supervision. Es geht
nicht darum, immer übertrieben freundlich zu lächeln, auch
wenn man sauer ist, und sich alles auf einen imaginären Merk-
zettel zu schreiben, um es dann als Anklage in der Supervision
zu verwenden, sondern tiefgreifende Konflikte anzusprechen,
dazu gehören auch die Probleme dahinter. Und mich stört,
dass du normalerweise nicht den Mund aufkriegst, sondern
nur, wenn du deine Bündnisse geschlossen hast, Anklägerin
in der Supervision spielst. Das ist nicht der Sinn der Sache.
Sinn der Sache wäre, dass man eine Vereinbarung trifft, Bana-
litäten, die einem auffallen, sofort anzusprechen. Zum Beispiel jemanden, der etwas vergessen hat, darauf hinzuweisen,
anstatt nichts zu sagen und das erst vier Wochen später in der
Supervision anzusprechen.»

«Ich lasse mir von dir doch nicht vorwerfen, dass ich nicht
teamfähig bin!» Im nächsten Moment brach die Anklägerin
in Tränen aus. «Das ist mal wieder typisch hier! Wer sich für
das Team einsetzen will und für Harmonie ist, wird nur fertig-
gemacht!»

Wie Sie sicherlich schon gemerkt haben, war der Super-
visor auch nicht gerade der Beste seines Faches, weil er nur
abwartend danebensaß, anstatt einzugreifen und dem Ganzen
eine andere Richtung zu geben, nämlich den Kernkonflikt zu

bearbeiten, warum die «Hauptanklägerin» so große Schwierigkeiten hatte, harmlose Dinge sofort anzusprechen, und dies nur in Form einer massiven, kränkenden Entwertung in der Supervision konnte – natürlich nicht, ohne sich vorher ihrer Bündnispartner zu versichern, um nicht Gefahr zu laufen, dass sie selbst plötzlich im Fokus stünde.

Als wir schließlich einen Wechsel des Supervisors durchsetzten, der genau das tat, meldete sich die Hauptanklägerin immer krank, wenn Supervision war, denn sie hielt es nicht aus, ihre eigenen Anteile in gleicher Weise gespiegelt zu bekommen, wie sie es von anderen verlangte.

Kurzum – wenn Sie mit dem unberechenbaren Gefühlschaoten zu tun haben oder mit Menschen, die einige seiner Anteile in sich tragen: Legen Sie sich ein dickes Fell zu. Treten Sie diesem Arschlochtypus mit ganz normaler Wertschätzung entgegen, aber lassen Sie sich nicht fertigmachen, wenn er Sie entwertet, beschimpft oder droht, sich wegen Ihnen umzubringen. Das hat nichts mit Ihnen zu tun, das ist sein nach außen getragener innerer Konflikt. Ignorieren Sie seine Beschimpfungen einfach und rufen Sie einen Arzt, wenn er sich selbst verletzt. Aber nehmen Sie es sich nicht zu Herzen – morgen sieht die Welt schon wieder ganz anders aus, zumindest für den unberechenbaren Gefühlschaoten.

Auf gar keinen Fall sollten Sie in blinden Aktionismus verfallen und sich besonders intensiv um ihn kümmern, wenn er ein sozial unangemessenes Verhalten an den Tag legt, denn damit verstärken Sie dieses Verhalten. Wenn er Sie bittet, etwas zu tun, dann tun Sie es, wenn Sie sich mit dieser Wunscherfüllung wohlfühlen, aber lassen Sie es, wenn Sie es nicht wirklich wollen. Auf keinen Fall sollten Sie sich von dem Wunsch treiben lassen, ihn zu beschützen und zu heilen, denn so verstärken Sie sein sozial unverträgliches Verhalten, weil er dann nur lernt, dass er mit diesem Verhalten genau das bekommt, was er will: Aufmerksamkeit und Zuwendung. Und dann hat er keinen Grund, etwas zu verändern. Der Teufelskreis bleibt bestehen, er bekommt eine Weile Hilfe und Zuwendung, bis der Helfer ausgebrannt ist und sich enttäuscht zurückzieht. Und damit sind Sie dann wieder das Arschloch für ihn, weil er sich verlassen fühlt. Sie sind ja auch nicht besser als alle anderen ... Also versucht er es beim Nächsten mit derselben Masche, denn etwas anderes hat er nicht gelernt. Das Tragische ist, dass dies alles nicht bewusst von unberechenbaren Gefühlschaoten gesteuert wird, sondern wie ein unbewusst gespeichertes Programm abläuft. Selbst dann, wenn sie es vom Verstand her besser wissen.

Auch wenn es schwerfällt – verhalten Sie sich neutral und freundlich. Schwingen Sie nicht mit in seine unberechenbaren Gefühlsausbrüche, die zwischen Leidenschaft und (Selbst-) Hass angesiedelt sind. Sie können seine Probleme nicht lösen. Sie können allenfalls einen Rettungswagen rufen, wenn es ganz schlimm wird, oder ihm aus dem Weg gehen, bis er sich beruhigt hat und alles wieder normal ist.

Verabschieden Sie sich im Umgang mit diesem Arschlochtypen von der Vorstellung, dass Sie etwas ändern können, wenn Sie sich nur genügend Mühe geben. Sie können am ehesten etwas verändern, wenn Sie ein ruhiger Fels in der Brandung bleiben, der sich von den Gefühlsschwankungen nicht beeindrucken lässt, sondern den unberechenbaren Gefühlschaoten so akzeptiert, wie er ist – mit all seinen Schwächen und Fehlern, aber auch mit seinen Stärken und positiven Seiten. Allerdings sollten Sie sich nicht alles gefallen lassen – wenn Sie sauer sind oder Ihre Belastbarkeit überschritten wurde, müssen Sie ihm das mitteilen, denn genau das gehört auch zur Wertschätzung. Trauen Sie ihm zu, dass er das aushalten kann.

Die besten Strategien im Umgang mit der Diva unter den Arschlöchern

Mit der Diva geraten Sie dann in Konflikt, wenn Sie ein Problem mit Menschen haben, die sich gern in den Mittelpunkt stellen und auf jeder Hochzeit tanzen müssen. Solche Menschen empfinden Sie als aufdringlich und nervig. Und hier stellt sich nun die Frage, warum Sie das so empfinden.

Sind Sie ein Eigenbrötler, der gern seine Ruhe haben möchte und sich von der Diva einfach gestört fühlt? Oder überwiegen in Ihnen die Züge des bürokratischen Arschlochs, das von der Disziplinlosigkeit der Diva genervt ist und zugleich neidisch darauf, dass sie mit ihrem charmanten Wesen mit jedem Regelverstoß problemlos durchkommt? Oder sind Sie gar ein von sich selbst überzeugtes Arschloch und ärgern sich über die massive Konkurrenz, die Ihnen die Diva macht, weil sie bereits den Platz im Rampenlicht eingenommen hat, den Sie selbst anstreben?

Gerade im Umgang mit der Diva ist es wichtig, sich zu überlegen, warum Sie sie für ein Arschloch halten und was Sie am meisten stört. Während der Eigenbrötler und das bürokratische Arschloch die Diva in gewisser Weise sogar bewundern, auch wenn sie sie nervt oder neidisch macht, sieht das von sich selbst überzeugte Arschloch in ihr nur einen widerwärtigen Konkurrenten, der ihm den Ruhm stiehlt. Und dagegen lässt sich nur schwer etwas unternehmen.

Ist Ihnen die Diva zu aufdringlich, können Sie ihr aus dem Weg gehen oder sie einfach darauf ansprechen, dass Sie jetzt gern Ihre Ruhe hätten. Wenn die Diva ständig Regeln überschreitet, können Sie ebenfalls versuchen, mit ihr Kompromisse auszuhandeln. Ein vernünftiges Gespräch kann Wunder wirken. Natürlich müssen Sie der Diva schon ein paar stichhaltige Argumente liefern, warum sie sich an Regeln halten sollte, aber wenn Sie ihr klarmachen, dass die Regeln einen nachvollziehbaren Sinn haben und nicht nur der Bürokratie geschuldet sind, wird die Diva sich darauf einlassen.

Anders verhält es sich, wenn Sie ihr den Ruhm neiden, da Sie ein von sich selbst überzeugtes Arschloch sind. Die Diva wird sich kaum zurücknehmen, um Ihnen den Vortritt zu lassen. Allerdings ist die Diva im Gegensatz zum von sich selbst überzeugten Arschloch kein übermäßig neidischer Charakter. Sie kann sich mit anderen auch über deren Erfolg freuen. Und so könnten Sie die Diva, die erfolgreicher ist als Sie selbst, beispielsweise um Hilfe bitten. Die meisten Diven freuen sich, wenn sie anderen mit ihren Fähigkeiten helfen können, und nehmen es ihren Schützlingen nicht mal übel, wenn die sie später überflügeln und besser werden.

Das unterscheidet die Diva vom von sich selbst überzeugten Arschloch, denn das würde niemals sein ganzes Wissen preisgeben, um anderen an die Spitze zu helfen. Die Diva ist da anders. Sie sieht es auch als ihren Erfolg an, wenn sie jemandem dabei hilft, noch größere Erfolge zu erreichen. Das liegt daran, dass die Diva in ihrer Kindheit oftmals für einen schwachen Elternteil die Elternrolle übernehmen musste – sie ist das «Helfen und Fördern» also gewohnt. Ganz anders als das von sich selbst überzeugte Arschloch, das als Kind lernte, dass es nur dann etwas wert ist, wenn es Leistung bringt und in allem der Beste ist. Eine reine Diva hätte kein Problem damit, einem von sich selbst überzeugten Arschloch genau dazu zu verhelfen. Deshalb ist die Diva als Trainer nicht zu unterschätzen.

Wenn Sie sich also über ein Arschloch ärgern, das immer im Mittelpunkt steht, bitten Sie dieses Arschloch einfach um Hilfe. Wenn es Ihnen bereitwillig hilft, ist es eine Diva, die nicht mal merkt, dass sie andere nerven könnte, und sehr irritiert wäre, wenn man ihr mit Aggression und Ablehnung entgegentritt. Sie wird das dann als Neid verbuchen und sich nicht weiter um Sie kümmern.

Natürlich trifft man Diven in Reinform nur äußerst selten. Wenn man Probleme mit den divenhaften Anteilen eines Arschlochs hat, sollte man überlegen, welche weiteren Arschlochanteile vorherrschen und wie sie den Umgang beeinflussen können – im positiven wie im negativen Sinne.

Hat die Diva noch etwas vom Querulanten, gehen Sie auf sie ein, um herauszufinden, wie sie tickt und was sie fürchtet. Wenn Sie ihr keinen Grund zur Furcht geben, wird sie sich schnell mit Ihnen anfreunden und auf Ihre Bedürfnisse eingehen.

Hat sie noch etwas vom Eigenbrötler in sich, werden Sie vermutlich nie Probleme mit ihr haben, weil sie sich dann selbst recht schnell zurückzieht, wenn sie Spannungen fürchtet.

Hat sie etwas vom Riesenarschloch in sich, könnte es problematisch werden, denn dann hat sie auch ein gewisses Aggressionspotenzial, das der angeborenen Hilfsbereitschaft im Wege steht. Diese Kombination ist allerdings sehr selten. Gehen Sie ihr dann im Zweifelsfall aus dem Weg.

Hat die Diva etwas vom unberechenbaren Gefühlschaoten in sich, gehen Sie mit ihr so um, als wäre sie ein unberechenbarer Gefühlschaot.

Hat die Diva Anteile des bürokratischen Arschlochs in sich, werden Sie vermutlich keine Probleme mit ihr bekommen. Die beiden schwierigen Anteile neutralisieren sich meist, und der Charakter dieses Arschlochs wäre eher ausgeglichen, da die Regeltreue des bürokratischen Arschlochs die divenhaften Anteile zügelt, aber die divenhaften Anteile gleichzeitig dafür sorgen, dass man mal fünfe gerade sein lassen kann.

Anteile des feigen Arschlochs und des Klammeraffen gehen in einer Diva meist unter, weil sie weder Angst vor Zurückweisung noch vor Entscheidungen hat. Behandeln Sie sie dann wie eine normale Diva. Sie wird allenfalls noch etwas hilfsbereiter sein, als sie es ohnehin schon wäre.

Diese Hilfsbereitschaft können Sie auch ausnutzen, wenn Sie selbst ein bürokratisches Arschloch sind, das unter der Unzuverlässigkeit der Diva leidet. Machen Sie einfach deutlich, wie wichtig Ihnen Absprachen sind. Und zwar nicht wegen der Regeln, sondern wie wichtig es für sie als Mensch ist, um sich ernst genommen und wertgeschätzt zu fühlen. Das versteht die Diva, denn für sie sind Regeln für den Menschen da und nicht umgekehrt. Zwar wird die Diva versuchen, Ihnen das auch klarzumachen, aber wenn sie merkt, wie groß Ihr Leidensdruck ist, wenn Sie Regeln brechen müssen, wird Sie sich Ihnen zuliebe auch an die grundlegendsten Regeln halten.

Zusammenfassend lässt sich festhalten, dass man mit der Diva reden kann und reden sollte. Und man darf sie um Hilfe bitten – dann verwandelt sich dieser Arschlochtyp unter Umständen von der Nervensäge in einen echten Freund.

Die besten Strategien im Umgang mit dem bürokratischen Arschloch

Das bürokratische Arschloch kann durch seine Regeltreue und sein Spießbürgertum massiv nerven. Gerade Deutschland ist ein Paradies für bürokratische Arschlöcher und hat Regeln für jeden Müll – im wahrsten Sinne des Wortes, wenn man an die Mülltrennung denkt.

Kennen Sie solche Nachbarn, die immer ganz genau auf die Einhaltung der Regeln pochen und einen Wutanfall kriegen, wenn Kinder während der Mittagsruhe zwischen 13 und 15 Uhr spielen, obwohl es sich um ein normales Wohngebiet und kein Altersheim handelt? Nachbarn, die auf der Lauer liegen und genau darauf achten, ob man sich auch brav an die Mülltrennung hält?

Oder stellen Sie sich vor, es sind minus 20 °C, die Scheiben Ihres Autos sind zentimeterdick mit Eis befroren, und während Sie eiskratzen, schalten Sie den Motor und die Heizung samt Gebläse an, aber sofort kommt eine junge Mutti mit ihrem Kleinkind vorbei und schreit Sie an, dass es verboten ist, sein Auto mit laufendem Motor stehen zu lassen. Und selbst wenn Sie ihr erklären, dass Sie dies doch nur heute, am kältesten Tag des Jahres, ausnahmsweise täten, um das Eis schneller kratzen zu können, kriegen Sie von ihr zu hören, dass es verboten ist und dass Sie gefälligst nicht die Umwelt für ihr Kind kaputt machen sollen. Und wenn Sie dann noch wagen, leisen Widerspruch einzulegen, dass drei Minuten laufender Motor auf dem Parkplatz auch nicht schlimmer sind als an der Ampel, werden Sie vermutlich um die Ohren gehauen kriegen, dass das Kind dieser Mutter Ihre Rente zahlen wird und Sie jetzt gefälligst den Motor ausschalten sollen.

Ja, das bürokratische Arschloch hat ein Händchen dafür, sich überall einzumischen, wo es einen Regelverstoß wittert. Es hat auch überhaupt keinen Sinn, mit logischen Argumenten zu begründen, warum diese Regel unsinnig ist. Das lässt das bürokratische Arschloch nicht gelten. Im Gegenteil, dann läuft es zur Hochform auf und wird Sie in unerquickliche, zeitraubende Diskussionen verwickeln.

Es gibt zwei Strategien, die in diesem Fall helfen. Die erste hat sich schon beim Querulanten, der in dieser Beziehung eng mit dem bürokratischen Arschloch verwandt ist, bewährt – sagen Sie einfach freundlich: «Vielen Dank, dass Sie mich darauf hinweisen», und machen Sie dann entweder weiter oder ändern Sie Ihr Verhalten, je nachdem, was Sie persönlich richtig finden. Manchmal kann es ja auch ganz sinnvoll sein, auf die Vorschläge des bürokratischen Arschlochs zu hören.

In diesem Punkt gibt es viele Überschneidungspunkte mit dem Querulanten, und es ist nicht immer leicht, sofort zu erkennen, ob der missgünstige Nachbar einfach nur ein bürokratisches Arschloch ist oder aber ein Querulant.

Die zweite Strategie, die man im Umgang mit dem bürokratischen Arschloch verwenden kann, wird allerdings nur bei diesem funktionieren und ist beim Querulanten wirkungslos. Gehen Sie zum Gegenangriff über – aber machen Sie das freundlich und unauffällig. Bleiben wir mal bei dem Beispiel mit der Mutter und ihrem kleinen Kind, die sich darüber aufregt, dass Sie es gewagt haben, Ihr Auto bei laufendem Motor zu enteisen.

Sie bringen das bürokratische Arschloch ganz schnell aus der Fassung, wenn Sie es mit eigenen Regelverstößen konfrontieren und so von Ihren eigenen ablenken. Aber das darf nicht plump und auffällig passieren, es muss so subtil sein, dass das bürokratische Arschloch sich nicht sofort angegriffen, sondern vielmehr ertappt fühlt. Dann wäre folgender Dialog möglich:

Bürokratische Arschloch-Mami: «Guten Morgen. Sie wissen doch, dass man sein Auto nicht bei laufendem Motor stehen lassen darf.»

Sie: «Guten Morgen, Frau Müller. O ja, ich habe gerade nicht daran gedacht, weil meine Scheiben so dick befroren sind und ich sie sonst nicht enteisen kann. Aber Sie haben natürlich recht. Und – wie geht es Ihrer Kleinen? Das ist ja ein hübscher Mantel, aber wo sind denn die Handschuhe? Och, komm mal her, meine Kleine, du hast ja schon eine ganz rot gefrorene Nase und ganz steife Fingerchen. Da hat die Mutti dich heute aber nicht warm genug angezogen.»

Wenn Sie Glück haben, fängt das Kind gleich darauf an zu weinen und bestätigt Ihre Worte, dass ihm kalt ist. Vielleicht sagt es aber auch: «Ich wollte keine Handschuhe, brauch ich nicht.»

Aber ganz egal, wie das Kind reagiert – Sie haben die Aufmerksamkeit der Mutter jetzt von Ihrem Auto weg zu den Bedürfnissen des Kindes gelenkt. Und in der Zeit, da man sich jetzt über Kinderkleidung austauscht, ist Ihr Auto längst kuschelig warm, und Sie können den Motor auch getrost wieder ausstellen und so tun, als wären Sie dem bürokratischen Arschloch entgegengekommen. Möglicherweise haben Sie auch Glück, und Mutti nimmt das Kind, um es hastig ins Warme zu bringen und Sie nicht länger mit ihrer Besserwisserei zu quälen.

Wenn Sie das mit einem Querulanten täten, würde der sie massiv beschimpfen, von wegen, dass Sie ihm unterstellen, das Kind sei nicht korrekt gekleidet. Aber das bürokratische Arschloch wird unsicher. Hat es sich wirklich an alle Regeln der winterlichen Kinderbekleidung gehalten?

Das funktioniert auch bei anderen Gelegenheiten. Sie müssen nur schnell genug nach einem Schwachpunkt suchen, nach dem Punkt, in dem sich das bürokratische Arschloch nicht an die Regeln hält oder zumindest das Gefühl hat, etwas falsch gemacht zu haben. Die Grundstrategie ist immer die gleiche: Sie bedanken sich höflich für den Hinweis auf Ihren eigenen (scheinbaren) Regelverstoß, und dann wechseln Sie sofort das Thema in eine Richtung, die dem bürokratischen Arschloch entweder unangenehm ist oder es zum Grübeln bringt. Aber tun Sie das immer freundlich, denn diese Strategie funktioniert nur mit Freundlichkeit. Wenn Sie die Mutter beispielsweise anpöbeln: «Was schert Sie denn mein Auto? Ziehen Sie Ihr Kind lieber warm genug an, das ist ja schon ganz verfroren!», wecken Sie nur deren Widerspruchsgeist. Das bürokratische Arschloch wird nur auf Sie hören, wenn Ihr Tonfall Besorgnis und Wohlwollen signalisiert.

Wenn einem gerade nichts einfällt, womit man das bürokratische Arschloch verunsichern kann, sollte man sich einfach mit dem üblichen «Vielen Dank für den Hinweis» begnügen und das bürokratische Arschloch nicht weiter beachten. Wenn es sich allerdings um einen missgünstigen Nachbarn handelt, sollte man sich die Mühe machen, ihm sein eigenes Fehlverhalten jedes Mal freundlich unter die Nase zu reiben. Irgendwann wird ihm das so unangenehm, dass er Sie lieber in Ruhe lässt, anstatt Sie weiter zu bevormunden. Aber wie gesagt – das funktioniert nur beim bürokratischen Arschloch. Beim Querulanten ist in der Hinsicht Hopfen und Malz verloren, und die Unterscheidung ist auf den ersten Blick nicht immer leicht.

Sehr anstrengend können bürokratische Arschlöcher auch im Berufsleben sein. Vor allem dann, wenn sie dazu neigen, kreative Köpfe durch ihre Zwanghaftigkeit in Teamsitzungen während des Brainstormings auszubremsen, weil sie stets darauf hinweisen müssen, warum etwas nicht umsetzbar ist, und aus diesem Grund nicht einmal die Idee zulassen. Damit können sie einem wirklich jeden Spaß und jede Kreativität zunichtemachen. Aber keine Sorge – auch hier gibt es zwei Strategien, seinen eigenen Frust nicht zu groß werden zu lassen.

Die erste Strategie ist die der offenen Aussprache. Man erklärt dem bürokratischen Arschloch freundlich, dass es sich hier nur um eine Sammlung von Ideen handelt, die erst im zweiten Schritt auf ihre Brauchbarkeit hin untersucht werden. Wenn man Glück hat, wird das bürokratische Arschloch sich dann zurückhalten und nur stumm die Augen verdrehen, wenn ihm ein Vorschlag zu abstrus erscheint. Wenn das nicht hilft, weil das bürokratische Arschloch nicht aus seiner Haut kann und Probleme damit hat, sich zusammenzureißen, denken Sie sich nichts bei seinen Einwänden, sondern machen Sie sich einfach einen Spaß daraus, sich vorher zu überlegen, was das bürokratische Arschloch jetzt schon wieder zu meckern hat. Man kann daraus ein regelrechtes «Bürokratisches-Arschloch-Bingo» entwickeln.

Andererseits können Sie sich auch die Vorteile, die die Zusammenarbeit mit einem bürokratischen Arschloch hat, ins Gedächtnis rufen. Bürokratische Arschlöcher sind pünktlich und zuverlässig. Wenn Sie ihnen eine Aufgabe übertragen, die ihnen liegt, werden sie die ausgesprochen sorgfältig erledigen. Es bringt nichts, das bürokratische Arschloch verändern zu wollen. Man sollte stattdessen seine Stärken nutzen und die Schwächen tolerieren. Ein bürokratisches Arschloch in Reinform wird niemals so kreativ sein wie ein Eigenbrötler, aber dafür um ein Vielfaches sorgfältiger. Wenn also der Eigenbrötler ein genialer Möbeldesigner ist, wird das bürokratische

Arschloch als Tischler diese Möbel stabil und genau nach Maß herstellen.

Allerdings haben Sie als Handwerker mit einem bürokratischen Arschloch als Kunden unter Umständen Ihre liebe Müh. Denn das bürokratische Arschloch misst womöglich alles, was Sie hergestellt oder repariert haben, mit einer Wasserwaage nach und verlangt hundertfünfzigprozentige Präzision – schließlich wäre es auch selbst bereit und in der Lage, genau das zu bieten. Ärgern Sie sich also nicht, wenn Sie einen solchen pedantischen Kunden haben. Er kann nicht anders, er macht das nicht, um Sie zu ärgern, sondern es ist seine Natur. Wenn Sie der Chef einer Handwerksfirma sind, wäre es gut, wenn Sie selbst ein paar bürokratische Arschlöcher beschäftigen, die dann solche Kunden betreuen – in dem Fall sind alle zufrieden, und das bürokratische Kunden-Arschloch wird Ihre Firma gern weiterempfehlen.

Denken Sie im Umgang mit dem bürokratischen Arschloch immer daran, dass es zwar seine Macken hat, aber kein schlechter Mensch ist. Regeln haben für das bürokratische Arschloch nun mal Vorrang, denn die haben ihm bereits in seiner Kindheit Sicherheit gegeben, und das tun sie noch immer. Wenn Sie ihm seine Sicherheit nehmen, ist das bürokratische Arschloch todunglücklich und nicht mehr in der Lage, sich den Widrigkeiten des Alltags erfolgreich zu stellen.

Die besten Strategien im Umgang mit dem feigen Arschloch

Das feige Arschloch wird Ihnen vermutlich kaum Probleme bereiten, da es sich aus Angst vor Ablehnung stets unterordnet und freiwillig die unangenehmsten Tätigkeiten übernimmt, nur um in der Gruppe dazuzugehören.

Allerdings könnten Sie mit dem feigen Arschloch Probleme bekommen, wenn Sie unterwürfiges und anbiederndes Verhalten hassen. Das feige Arschloch kann nämlich wie ein Schleimer wirken und dadurch den Eindruck erwecken, seine Hilfsbereitschaft und Unterwürfigkeit würden eigenen Zwecken dienen. Damit liegen Sie gar nicht so falsch – es dient einem eigenen Zweck, nämlich dem, nicht zurückgewiesen und abgelehnt zu werden. Wenn Sie nun aber im Privatleben oder im Beruf nach jemandem suchen, der mit Ihnen auf Augenhöhe diskutiert, Ihnen auch mal seine Meinung sagt, diese aber im Zweifelsfall auch gegenüber anderen verteidigt, dann könnte Sie das feige Arschloch in den Wahnsinn treiben. Da sich das feige Arschloch aus Angst vor Zurückweisung sofort unterordnet, kann es schnell passieren, dass es jedem nach dem Munde redet. Wenn es gestern noch auf Ihrer Seite stand und sich nun Ihres Vertrauens sicher ist, aber heute feststellt, dass ihm die Gefahr vor Zurückweisung von anderer Seite droht, könnte das feige Arschloch die Seiten wechseln.

Erinnern wir uns zurück an unsere Schulzeit. Sie alle kennen bestimmt diese Klassenkameraden, die immer das fünfte Rad am Wagen waren. Haben Sie auch Mitleid mit diesen Außenseitern gehabt und mit ihnen gespielt? Und glaubten

Sie dann, einen treuen Freund zu haben, der Ihnen auch gegen Stärkere loyal zur Seite steht? Manchmal mag das funktioniert haben, aber mindestens genauso oft konnte man beobachten, wie der vermeintliche Freund Sie im Stich ließ, sich dem Stärkeren oder Cooleren unterordnete und nun gegen Sie, der Sie vorher treu zu ihm gestanden hatten, agierte, um dem neuen Freund zu gefallen.

Das sind die Momente, in denen man dem feigen Arschloch in den Hintern treten möchte. Der Moment, in dem man kapiert, dass es ihm niemals um einen selbst ging, sondern nur darum, nicht allein und verlassen dazustehen. Der Moment, in dem das feige Arschloch zum echten Arschloch wird.

Es geht natürlich auch subtiler – wenn das feige Arschloch einfach zu feige ist, «Nein» zu sagen. Stellen wir uns vor, Sie sind mit einem feigen Arschloch verheiratet und sich sicher, dass die Ehe stabil ist. Dennoch kann das feige Arschloch Sie zu Wutanfällen provozieren, wenn Sie für das Wochenende einen Kurzurlaub geplant haben, aber Ihr feiger Arschlochpartner einen Anruf von seinen Freunden bekommt, die dringend Hilfe beim Renovieren der Wohnung brauchen. Da er fürchtet, seine Freunde würden ihn nicht mehr mögen, wenn er sagt, dass er keine Zeit hat, wird er lieber den Urlaub mit Ihnen absagen, anstatt seine Freunde zu versetzen. Sie hat er ja sicher, Sie lieben ihn ja. Na, ziehen Sie im Geiste schon die spitzen Schuhe an, um ihm damit stundenlang in den Hintern zu treten?

Im ersten Fall, wenn Sie nur die zweitbeste Notlösung sind, die das feige Arschloch als Freund oder Partner wählt, um nicht allein zu sein, haben Sie nicht viele Möglichkeiten. Dieses feige Arschloch wird Sie sitzenlassen, sobald es jemanden gefunden hat, den es für eine Freundschaft oder Partnerschaft attraktiver findet. Sie waren nur der Notnagel, sozusagen das Schlauchboot, als das Geld noch nicht für die Luxusyacht reichte. Wenn die Luxusyacht winkt, wird das Schlauchboot allenfalls noch zusammengefaltet für Notfälle unter Deck liegen. Und genauso wird das feige Arschloch höchstens dann noch mal zu Ihnen kommen, wenn es Knatsch mit dem oder der Neuen gibt. Hoffen Sie nicht darauf, dass das feige Arschloch nun treu zu Ihnen steht. Es wird Sie wieder verlassen, sobald der Knatsch vorbei ist. Das wird so lange gehen, bis das Schlauchboot irgendwann vom langen Liegen porös und löchrig wird. Dann wird es weggeworfen. Und genauso sind Sie in dem Fall auch nur ein «Wegwerfpartner», der besser ist, als allein zu sein.

Wenn das feige Arschloch Sie aufrichtig liebt, sich aber trotzdem immer wieder anderen anbiedert und alles für andere tut auf Kosten Ihrer Zweisamkeit, sollten Sie Klartext reden. Fragen Sie das feige Arschloch, warum es das tut. Vermutlich wird das feige Arschloch zunächst relativieren, von wegen: «Ach, das war doch nur einmal, ich verspreche, ich mache es wieder gut!» Und dann wird es sich auch Mühe geben – zumindest kurzfristig bis zum nächsten Mal.

Nun haben Sie zwei Möglichkeiten. Entweder Sie akzeptieren das als typisches Verhalten Ihres feigen Arschlochs und lernen damit zu leben, oder Sie modifizieren Ihr eigenes Verhalten. Ihr feiges Arschloch wird sich nur dann ausreichend um Sie bemühen, wenn es Angst hat, etwas zu verlieren.

Stellen wir uns also vor, Sie haben einen romantischen Kurztrip nach Paris geplant, aber gerade jetzt ruft der beste

Freund des feigen Arschlochs an und braucht Hilfe beim Renovieren. Je länger Sie mit dem feigen Arschloch diskutieren,
umso sicherer ist es sich Ihrer Zuneigung und wird vermutlich
umso eher dem Freund zusagen, denn den könnte er kränken
und verlieren, aber Sie kämpfen ja um ihn, also wird er Sie
nicht verlieren. Die Entscheidung ist klar – Paris wird gecan-
celt, dem Freund wird geholfen.

Ganz anders sieht es allerdings aus, wenn Sie folgenderma-
ßen vorgehen.

Feiges Arschloch (FA): «Schatz, der Rüdiger hat mich gebeten,
   ihm am Wochenende beim Renovieren zu helfen. Er hatte
   gestern einen Wasserrohrbruch, ich kann ihn damit nicht
   allein lassen. Du musst das verstehen, das ist ein Notfall.
   Können wir Paris nicht verschieben?»

Sie (S): «Nein, verschieben können wir es leider nicht. Aber
   wenn es dir so wichtig ist, dem Rüdiger zu helfen, tu das
   ruhig, Schatz. Ich ruf gleich mal Hannelore an und frag sie,
   ob sie dafür mit mir nach Paris fliegt.»

FA: «Hannelore?»

S: «Ja, meine Freundin Hannelore, die kennst du doch.»

FA: «Aber das ist doch die, die seit Jahren krampfhaft nach
   einem Mann sucht.»

S: «Ja, deshalb dachte ich ja an Hannelore. Wir machen uns
   in Paris einen schönen Mädelsabend, während du Rüdiger
   hilfst. Und wer weiß, wen wir in der Stadt der Liebe noch
   treffen.»

FA (irritiert): «Ja, aber … können wir die Reise nicht doch lieber
   verschieben?»

S: «Schatz, das geht nicht, aber sieh es doch mal so: Wir
    würden zwei Leute sehr glücklich machen. Du den Rüdiger
    und ich die Hannelore.»

FA: «Ich weiß nicht recht ...»

S: «Was weißt du nicht? Ich werde Hannelore gleich mal
    anrufen!»

FA: «Warte, das geht mir zu schnell! Ich glaube, Rüdiger hätte
    Verständnis dafür, wenn ich eine gebuchte Reise nicht ver-
    fallen lassen möchte und ihm deshalb nicht helfen kann.»

S: «Hannelore zahlt dir das Ticket, mach dir darum keine
    Sorgen.»

FA: «Mag ja sein, aber eigentlich wollten wir beide doch nach
    Paris fliegen.»

S: «Okay. Willst du dann Rüdiger absagen, oder soll ich
    Hannelore zusagen? Mir ist beides recht.»

Und so ist die Reise nach Paris gerettet.

Denken Sie immer daran – setzen Sie ein feiges Arschloch
niemals durch Ultimaten unter Druck. Gehen Sie freundlich
und subtil vor. Geben Sie dem feigen Arschloch das Gefühl,
dass es selbst entscheidet, was ihm wichtiger ist. So lernen Sie
auch viel über Ihr feiges Arschloch. Wenn Sie nur der Notnagel oder das Schlauchboot auf dem Weg zur Luxusyacht sind,
wäre das feige Arschloch sofort damit einverstanden, Sie allein
reisen zu lassen. Wenn es zögert oder gar alle seine Pläne stor-
niert, aus Angst, sonst von Ihnen verlassen zu werden, und sei
es nur für ein Wochenende, können Sie sich seiner sicher sein.
Falls nicht – nun, dann könnten Sie zusammen mit Hannelore
immerhin ein schönes Wochenende verleben.

Anders sieht es im Berufsleben aus. Wenn Sie sich dort nicht sicher sind, warum Sie von einem Kollegen oder Untergebenen vollgeschleimt werden, geben Sie ihm die Sicherheit, dass Sie zu ihm stehen, auch wenn er eigene Vorschläge macht, die vielleicht etwas von Ihrer Meinung abweichen. Wenn er merkt, dass er nicht unbedingt unterwürfig rumschleimen muss, sondern auch durch Arbeitsleistung überzeugt, ändert er sein Verhalten vielleicht. Wenn Sie Pech haben, kann er allerdings nicht durch Arbeitsleistung überzeugen, da er in seinem Job überfordert ist, und versucht dies durch Schleimerei und Speichelleckerei auszugleichen. Falls Sie nicht gerade ein von sich selbst überzeugtes Arschloch sind, das dieses Verhalten genießt, sehen Sie zu, dass Sie diesem Kollegen einen anderen Aufgabenbereich zuteilen, den er gut bewältigen kann. Dann hat er keine Zeit mehr zum Schleimen und wird seine Selbstbestätigung in seiner Leistung finden.

Die besten Strategien im Umgang mit dem Klammeraffen

Der Klammeraffe ist nicht in der Lage, die einfachsten Entscheidungen zu treffen, und muss sich deshalb immer der Unterstützung anderer versichern. Das kann echt nerven, wenn Sie im Berufsleben mit so jemandem zusammenarbeiten müssen und nicht zu Ihrer eigenen Arbeit kommen, weil der Klammeraffe ständig an Ihrer Bürotür steht und nachfragt, was er jetzt tun soll oder ob das so richtig sei.

Während dieses Verhalten in der Einarbeitungsphase noch normal ist, sollte man nach spätestens sechs Monaten, wenn die Probezeit vorbei ist, davon ausgehen, dass der Kollege jetzt selbständig arbeiten kann. Aber ein echter Klammeraffe, der einen Tätigkeitsbereich hat, in dem er Entscheidungen treffen muss, wird damit immer überfordert sein. Und so wird er für Sie mehr zur Belastung als zu einer Entlastung, denn im Grunde wären Sie schneller, wenn Sie gleich alles selbst machen würden, anstatt es dem Klammeraffen zu überlassen, der es dann hinterher doch noch mal von Ihnen komplett überprüfen lässt.

Stellen wir uns einmal vor, ein bürokratisches Arschloch und ein Klammeraffe arbeiten beim Finanzamt. Das bürokratische Arschloch wäre hier in seinem Element. Es gibt klare Regeln und Gesetze, an denen es sich orientieren kann. Es ist genau vorgeschrieben, was steuerlich abgesetzt werden kann und was nicht. Und die paar Zweifelsfälle, die auftreten, können anhand von Richtlinien oder eigenen Einzelfallentscheidungen bearbeitet werden. In seltenen Ausnahmefällen, wenn das alles nicht weiterhilft, kann man auch den Chef fragen.

Und nun kommt der Klammeraffe als neuer Kollege dazu. Eigentlich sollte man davon ausgehen, dass er anhand der Richtlinien ebenfalls leicht entscheiden könnte. Von wegen – Regeln und Richtlinien reichen einem Klammeraffen nicht aus. Er fragt sich bei jedem Einzelfall, ob diese Regel nun auch wirklich für diesen Einzelfall zutrifft oder nicht doch eher eine andere Vorschrift.

So könnte zum Beispiel folgender Dialog entstehen:

Klammeraffe (K): «Hier hat jemand ein Arbeitszimmer abgesetzt. Er ist aber Angestellter. Ist das dann in Ordnung?»

Bürokratisches Arschloch (BA): «Arbeitet er zu Hause als
Angestellter oder in seiner Firma im Büro?»

K: «Sowohl als auch.»

BA: «Hat er denn aufgeführt, wie viele Stunden er täglich
im Büro und wie viele Stunden er im Arbeitszimmer arbeitet?»

K: «Nein.»

BA: «Dann kannst du es entweder ablehnen und auf den
Widerspruch warten, oder wenn du nett bist, schickst du
ihm vorab noch eine Nachfrage, wie viele Stunden er denn
sein privates Arbeitszimmer nutzt.»

K: «Und was ist besser?»

BA: «Das musst du wissen. Für den Steuerzahler ist es natürlich besser, wenn du ihm erst eine Anfrage schickst.»

K: «Und wenn ich ihm keine schicke und es gleich ablehne?»

BA: «Dann ist es auch okay, dann muss er später Widerspruch
einlegen und belegen, wie lange er sein Arbeitszimmer
nutzt, oder er akzeptiert die Ablehnung.»

K: «Aber was ist denn nun üblich?»

BA (schon leicht genervt): «Das hängt davon ab, ob du davon
ausgehst, dass seine Angaben prinzipiell plausibel sind und
er das einfach nur vergessen hat, oder ob du das für den
Versuch hältst, möglichst gut Steuern zu sparen.»

K: «Und wie soll ich das feststellen?»

BA: «Welchen Beruf hat er denn?»

K: «Einzelhandelskaufmann.»

BA: «Also Verkäufer? Das klingt jetzt nicht unbedingt nach

einem Job, für den man ein häusliches Arbeitszimmer braucht.»

K: «Aber es könnte doch sein, oder?»

BA: «Schick ihm eine Anfrage und frag ihn, dann weißt du es.»

K: «Aber wenn er das einfach nur angibt, um Steuern zu sparen, dann denkt der doch, dass wir doof sind und so etwas glauben, weil wir noch mal eine Nachfrage stellen. Sollte ich dann nicht doch lieber ablehnen?»

BA: «Dann lehn es ab.»

K: «Und was mache ich, wenn dann ein Widerspruch kommt?»

BA (inzwischen furchtbar genervt): «Dann schaust du dir an, ob er aussagekräftige Unterlagen beilegt, aus denen hervorgeht, dass er das Arbeitszimmer tatsächlich braucht.»

K zögert.

BA zieht die Augenbrauen hoch. «Sonst noch was?»

K: «Nein, nein, ich lehne es dann erst mal ab.»

BA: «Sehr gut.»

K: «Obwohl, was wäre wenn ...»

BA (brüllt): «LEHN ES EINFACH AB!»

Spätestens wenn der Kollege am nächsten Tag noch mal mit einer ähnlichen Frage kommt, hat er seinen Ruf als lästiges Arschloch weg, das alle anderen vom Arbeiten abhält.

Aber was macht man nun mit diesem Arschlochtyp? Am besten, man gibt ihm Aufgaben, die keine Entscheidungen erfordern. Besonders gut funktioniert das, wenn der Klammeraffe eindeutige Dienstleistungen zu verrichten hat. Gut geeignet wären hierzu handwerkliche Tätigkeiten, in denen es einen klar umrissenen Arbeitsauftrag gibt. Aber auch Bürotätigkeiten, die keine komplexen Entscheidungen brauchen.

Man kann natürlich versuchen, dem Klammeraffen zu erklären, auf welcher Grundlage Entscheidungen getroffen werden. Bei einer leichten Ausprägung dieses Arschlochtyps funktioniert das auch. Aber wenn man einen echten Klammeraffen vor sich hat, passiert so etwas wie in unserem Beispiel. Wenn man also feststellt, dass Erklärungen keinen nachhaltigen Erfolg haben, ist es am einfachsten, dem Klammeraffen eine einfache Anweisung zu geben. In unserem Finanzamtbeispiel etwa wäre es hilfreich gewesen, wenn das bürokratische Arschloch gleich die Entscheidung übernommen hätte. «Schick ihm einen Brief und bitte um die fehlenden Angaben. Und dann entscheidest du nach den Richtlinien, ob die Stundenanzahl ausreichend ist.»

Damit hätte man sich das ganze nervige, lange Gespräch gespart, und sowohl der Klammeraffe als auch der Steuerzahler wären zufrieden gewesen, und das bürokratische Arschloch hätte sich in Ruhe wieder seinen eigenen Aufgaben zuwenden können.

Wenn der Klammeraffe damit nicht zufriedenzustellen ist und weiterdiskutieren möchte, wäre es noch eine Option, abschließend «Das machen wir immer so» zu sagen, denn damit hätte er eine Begründung, die er nicht weiter hinterfragen muss. Wenn er es dennoch täte, müsste man ihn nur darauf hinweisen, dass man hier in einer Behörde arbeite, und da gehe es nicht um sinnvolle Inhalte, sondern um Regeln, und jetzt sei man nicht mehr gewillt, darüber zu diskutieren, er solle das jetzt gefälligst so machen. Klare Ansagen und Anordnungen werden vom Klammeraffen immer als hilfreich empfunden. Wenn er zu sehr nervt, darf man das auch gern mal in etwas energischerem Ton anbringen – etwa so wie bei der Kindererziehung im Umgang mit Dreijährigen, denn genau so haben ihn seine Eltern zeitlebens behandelt, sonst wäre er ja kein Klammeraffe geworden.

Die besten Strategien im Umgang mit dem von sich selbst überzeugten Arschloch

Das von sich selbst überzeugte Arschloch kann einem echt auf die Nerven gehen. Immer will es im Mittelpunkt stehen und der Beste, Schönste und Tollste sein. Zudem kann es keine Kritik vertragen und wird schnell neidisch und missgünstig, wenn es von anderen übertrumpft wird. Ein echtes Arschloch eben. Und was nützt es uns schon, wenn wir wissen, dass seine Eltern schuld waren, weil sie dem Kind beibrachten, dass es nur etwas wert ist, wenn es der Beste ist?

Wenn wir im Berufsleben mit einem von sich selbst überzeugten Arschloch zusammenarbeiten müssen oder es gar als Chef haben, können wir es ja schlecht am Kragen zu seinen Eltern zurückschleifen und eine Nachbesserung der Erziehungsdefizite fordern, auch wenn einem im Umgang mit diesem Arschlochtypus sehr schnell danach ist.

Wenn das von sich selbst überzeugte Arschloch mal wieder in überheblicher und besserwisserischer Art unsere Arbeit kritisiert oder sich selbst in den Mittelpunkt stellt und stundenlang doziert, bleibt uns nichts anderes übrig, als selbst damit fertigzuwerden.

Dabei muss man sich überlegen, ob man das von sich selbst überzeugte Arschloch trotz seiner unangenehmen Eigenschaften eigentlich mag oder ob man es wie die Pest hasst und ihm die Cholera an den Hals wünscht. Davon ist die Wahl der Strategie abhängig – die wohlwollend-korrigierende oder die vernichtende Umgangsform, um es endgültig aus seinem persönlichen Umfeld zu vertreiben.

Wenn Sie also ein von sich selbst überzeugtes Arschloch als Kollegen haben, das ständig im Mittelpunkt stehen muss und allen seine Art der Problemlösung aufnötigen will, weil es glaubt, die Weisheit mit Löffeln gefressen zu haben, ist Ihre Strategie auch davon abhängig, ob es sich um ein von sich selbst überzeugtes Arschloch in Reinform handelt oder ob es noch genügend abmildernde Charakterzüge gibt. Wenn es genügend abmildernde Anteile gibt, können Sie zunächst das Naheliegendste versuchen: Reden Sie mit ihm über sein Verhalten. Unter Umständen gibt es ein Problembewusstsein, und das von sich selbst überzeugte Arschloch versucht sich anschließend etwas zurückzuhalten.

Es kann Ihnen aber auch passieren, dass das von sich selbst überzeugte Arschloch Ihnen zwar verspricht, sich entsprechend zu ändern, sich dann aber doch nicht daran hält – sei es, weil es das einfach nicht kann oder weil es Sie nicht ernst genug nimmt. Dann hilft nur die auf diesen Arschlochtyp angepasste Umgangsstrategie – Sie müssen seine Schwachpunkte für Ihre Zwecke instrumentalisieren.

Das von sich selbst überzeugte Arschloch braucht die Anerkennung wie eine Blume das Regenwasser. Wenn es keine Anerkennung für seine Leistungen bekommt, verwelkt es und geht ein. Also kämpft es um Anerkennung und übertreibt damit manchmal so sehr, dass es allen auf den Keks geht. Wenn das von sich selbst überzeugte Arschloch ständig im Mittelpunkt stehen muss, spricht das dafür, dass es tief in seiner Seele sehr unsicher ist und um seine Reputation und Anerkennung fürchtet. Bin ich wirklich gut genug? Das ist die Frage, die ihm sein Unterbewusstsein ständig stellt, aber so leise, dass sie nur einen nagenden Zweifel setzt und nicht wirklich im Bewusstsein ankommt. Wenn es dem von sich selbst überzeugten Arschloch bewusst wäre, könnte es dagegen ankämpfen und rationale Erklärungen finden.

Wenn Sie Ihren Kollegen eigentlich schätzen, aber er Ihnen in letzter Zeit durch sein Verhalten zunehmend auf die Nerven geht, überlegen Sie sich, an welcher Stelle er vielleicht nicht genügend Anerkennung bekommt. Vielleicht können Sie ihm die nötige Wertschätzung geben. Wenn Sie Pech haben, haben Sie darauf jedoch keinen Einfluss, weil er private Probleme hat und sich deshalb die Anerkennung auf der Arbeit holen muss, die ihm zu Hause versagt wird. Trotzdem können Sie positiv auf sein Verhalten einwirken, indem Sie ihn nicht kritisieren, sondern zunächst einmal für seinen Einsatz loben.

Wenn er den anderen Kollegen massiv auf den Keks geht, sodass die am liebsten sofort den Raum verlassen würden, wenn er wieder anfängt zu dozieren, versuchen Sie es einfach mit einem kleinen Trick, um seiner Eitelkeit zu schmeicheln, aber das erwünschte Verhalten zu erreichen. Sagen Sie ihm einfach, dass er ein großartiger Mitarbeiter ist, aber er sollte den anderen Kollegen nicht die Luft zum Atmen nehmen, weil das die anderen demotiviert. Und Sie verlassen sich doch auf ihn, damit das Team gut läuft. Bitten Sie ihn darum, das von Ihnen gewünschte Verhalten an den Tag zu legen. Die Kunst besteht darin, ihn so zu bitten, dass er den Eindruck hat, nur er allein wäre in der Lage, das Team zusammenzuhalten, indem er einfach mal den Mund hält. Derart angespornt wird er sich vermutlich große Mühe geben, das von Ihnen gewünschte Verhalten zu zeigen. Wichtig ist, dass Sie ihn immer wieder loben, wenn er Ihren Wünschen entsprochen hat.

Im Grunde ist es so ähnlich wie in der Hundeerziehung – es geht um positive Verstärkung. Dann fühlt sich der Hund wohl und tut, was das Herrchen will. Seien Sie aber bitte im Umgang mit dem von sich selbst überzeugten Arschloch vorsichtig – es darf nicht merken, dass Sie es erziehen. Es muss die Wertschätzung als aufrichtig empfinden, sonst fühlt es sich von Ihnen verarscht und hält Sie für ein hinterhältiges, verlogenes Arschloch.

Falls Sie das von sich selbst überzeugte Arschloch gern loswerden wollen – das geht sehr einfach. Sagen Sie ihm einfach, dass seine Leistungen unter aller Kanone sind, es sich mehr anstrengen soll und dass sein Verhalten alle nervt und es lieber öfter mal den Mund halten sollte. Dann kann zweierlei passieren. Sollte das von sich selbst überzeugte Arschloch auch ein paar Anteile des bürokratischen Arschlochs in sich haben, könnte es sich trotz einer so harten Ansage vielleicht sogar anpassen. Aber in dem Fall hätten Sie schon ganz am Anfang das freundliche, offene Gespräch mit ihm gesucht und hätten diese Tricks nicht nötig.

Wahrscheinlicher ist, dass es so gekränkt ist, dass es sich erst mal einen Monat lang krank meldet. Und in dieser Zeit versucht es krampfhaft, einen neuen Job zu finden. Wenn Sie Glück haben, bittet es Sie nach seiner Rückkehr um einen Auflösungsvertrag, weil es bereits erfolgreich war.

Sollte es allerdings ein paar Riesenarschlochanteile in sich tragen, heißt es wieder Vorsicht! Denn dann müssen Sie mit einer ausgewachsenen Bürointrige rechnen, die nicht mehr und nicht weniger als Ihren Sturz vom Chefsessel zum Ziel hat. Das von sich selbst überzeugte Arschloch wird sich auch völlig im Recht fühlen, denn Sie sind schließlich ein fieses Arschloch, das es massiv gekränkt hat und in seinen Augen von Führungsqualitäten keinen Schimmer hat.

Am sichersten ist deshalb die Strategie des Lobs und der Anerkennung. Loben Sie das von sich selbst überzeugte Arschloch, auch wenn Sie sich gerade ärgern, und stellen Sie ihm ein noch viel größeres Lob in Aussicht, wenn es sein Verhalten in Ihrem Sinne ändert. Wenn das nicht passiert, können Sie immer noch die zweite Strategie anwenden – zumal die dann auch viel erfolgreicher ist. Wenn Sie das von sich selbst überzeugte Arschloch sehr gelobt haben, aber das nichts nützte, und Sie dann das Lob einstellen, wird es glauben, dass Sie neidisch sind, und davon ausgehen, es könne Ihnen eins auswischen, wenn es kündigt und Sie mit ihm einen grandiosen Mitarbeiter verlieren. In dem Fall wird es auch keine Energie in eine Bürointrige stecken, weil sein Fortgang in seinen Augen schon Strafe genug für Sie ist, da die Firma dann ja «den Bach runtergehen wird».

Machen Sie sich im Umgang mit dem von sich selbst überzeugten Arschloch immer wieder klar, dass es nur deshalb so ein selbstgefälliger Angeber ist, weil es tief in seinem Innersten voller Minderwertigkeitskomplexe ist. Es hat nie gelernt, dass es um seiner selbst willen geliebt wird. Eigentlich sehnt es sich doch nur nach Liebe und Anerkennung und arbeitet dafür verdammt hart, oft so hart, dass es sich damit genau die Liebe und Anerkennung verbaut, die das eigentliche Ziel seiner Anstrengungen sind.

Und deshalb können Sie auch mal paradox reagieren, wenn Ihr Nachbar nervt, weil er sich schon wieder einen neuen Porsche zugelegt hat und den voller Stolz präsentiert. Sagen Sie ihm einfach: «Ein tolles Auto. Aber das ist mir eigentlich völlig wurscht. Ich wäre auch froh, dich als Nachbarn zu haben, wenn du überhaupt kein Auto hättest.» Das wird ihn natürlich erst mal verwundern, weil das nicht die Antwort ist, die man auf das stolze Präsentieren seines Neuwagens erwartet. Er wird dann grübeln, ob Sie das sagen, weil Sie vielleicht neidisch auf das Auto sind – er wäre es ganz bestimmt, wenn die Vorzeichen umgekehrt wären –, aber vielleicht denkt er auch darüber nach, dass Sie ihn wirklich schätzen. Und dann hätten Sie ihm ein kleines bisschen von dem zurückgegeben, was seine Eltern ihm immer vorenthalten haben.

Nachwort – warum das Arschloch immer im Auge des Betrachters liegt

Wir sind am Ende angelangt. Wenn Sie bis hierher durchgehalten haben, haben Sie einiges über Arschlöcher und sehr viel über Ihre Mitmenschen und sich selbst gelernt.

In der Evolution mussten die Menschen lernen, sich sehr schnell ein Bild von ihrem Gegenüber zu machen. War es ein Feind oder ein Freund? Wir alle haben Schablonen im Kopf, mit denen wir bestimmte Verhaltensmuster sofort abgleichen und dann mit einer entsprechenden Gegenreaktion antworten. All das haben wir in unserer Kindheit gelernt und im späteren Leben verfestigt. Und einmal in diesem Denkmuster gefangen, fällt es uns schwer, die Perspektive zu wechseln. Wir sehen unser Gegenüber schnell als Arschloch, auch wenn wir vielleicht aus seinem Blickwinkel heraus selbst ein Arschloch sind. Die einzig wirksame Methode, aus diesem Teufelskreis auszubrechen, liegt darin, sich zu überlegen, warum das Gegenüber so ein Arschloch ist. Und dann kann man versuchen, sein eigenes Verhalten so zu modifizieren, dass unser Gegenüber es nicht mehr nötig hat, uns gegenüber wie ein Arschloch aufzutreten.

Wir können unsere Umwelt nur verändern, indem wir unser eigenes Verhalten ändern und dadurch eine andere Reaktion erhalten. Aber da wir alle verschieden sind, gibt es keine Patentlösung, sondern man muss stets die Individualität seiner Mitmenschen berücksichtigen. Was für den einen ein großes Lob wäre, ist für den anderen eine tödliche Beleidigung.

Und so entstehen Missverständnisse, Wut, Ärger und sogar Feindschaft und Kriege.

Manch einer mag sich fragen, warum man sein eigenes Verhalten anpassen sollte, wo sich doch die anderen wie die berühmte Axt im Walde benehmen. Soll man sich etwa unterordnen und jemanden loben, den man eigentlich nicht mag? Soll man hinterhältig sein?

Die Antwort darauf lautet NEIN. Nein, man soll nicht lügen und hinterhältig sein, man muss sich auch nicht verbiegen. Aber wenn ich durchschaue, warum mein Gegenüber sich so verhält und ich darauf eingehe, beweise ich meine eigene soziale Kompetenz. Indem ich ihm das gebe, was er braucht, damit er sich so verhalten kann, wie ich es gern möchte, schaffe ich eine gleichberechtigte Beziehung.

Es ist ein Geben und Nehmen. Ich baue eine Brücke, über die er gehen kann. Und ich baue diese Brücke, weil ich gern möchte, dass die Kluft überbrückt wird. Wenn es mir gleichgültig wäre, müsste ich nichts ändern. Zwar kostet es Mühe, eine Brücke zu bauen, aber wenn sie erst einmal steht, hat der Brückenbauer davon unter Umständen mehr als der, der sie nur überquert. Denn der Brückenbauer hat auch Macht – er kann entscheiden, zu wem er eine Brücke bauen möchte und zu wem nicht. Wenn man sich mit den verschiedenen Charaktertypen beschäftigt, kann man auch rechtzeitig erkennen, wen man besser meiden sollte, weil es einfach nicht harmoniert. Man wird dann nicht so leicht in destruktive Beziehungen geraten.

Dieses Buch hat nicht den Anspruch, für jedes Problem und für jeden schwierigen Zeitgenossen die richtige Umgangsstrategie zu finden. Aber es möchte Denkanstöße liefern. Warum ticken die Menschen so, wie sie ticken? Warum sind manche lästigen Verhaltensweisen so penetrant und lassen sich nicht ohne weiteres ablegen? Warum ist es manchen Menschen unmöglich, sich einer Aussprache zu stellen? Und warum ändern wiederum andere nichts, obwohl sie es versprochen haben? Es ist nicht immer Missachtung, sondern oftmals auch die Unfähigkeit, etwas zu verändern. Und dann braucht es vielleicht einen kleinen Anstoß von außen – wir müssen unser Verhalten leicht modifizieren, und plötzlich funktioniert der Umgang miteinander.

Je besser wir unsere eigenen Arschloch-Anteile und Schwächen kennen, umso besser können wir auf unsere Mitmenschen eingehen und erkennen, was unser eigener Anteil ist und was nicht.

Dieses Buch ist ein Plädoyer dafür, dass wir Arschlöcher – denn wir alle sind je nach Blickwinkel mehr oder weniger Arschlöcher – uns zusammenraufen und lernen, mit unseren Stärken und Schwächen umzugehen, und unseren Mitmenschen das Gleiche zugestehen.

Wenn sich jeder daran halten würde, wäre die Welt ein bisschen friedlicher, und es würde keine Arschlöcher mehr geben, sondern nur noch unterschiedliche Charaktertypen, die alle ihre Stärken haben.

Alexander von Schönburg
Smalltalk

REDEN IST SILBER, SMALLTALK IST GOLD

«Smalltalk hat grundsätzlich mit Nichtigkeiten zu beginnen – frei nach dem Diktum, das wer beim Lunch schon geistreich ist, nur noch keine Einladung zum Abendessen hat.» Alexander von Schönburgs amüsantes Plädoyer für den Smalltalk zeigt: Nichts ist leichter, als Menschen mit einer gekonnten Unterhaltung für sich einzunehmen. Ein so scharfsinniges wie heiteres Buch über die große Kunst des kleinen Gesprächs, unverzichtbar für alle, die auch die auswegloseste Gesprächssituation glamourös und mit Stil bestehen wollen.

320 Seiten

«Schönburg trifft den Nerv der Zeit.»
DIE WELTWOCHE

Weitere Informationen finden Sie unter www.rowohlt.de

Tania Kibermanis
Spleen Royale

Normal kann jeder – warum es schön ist, exzentrisch zu sein.

Ein Glas Pesto frühstücken? Jedem Wochentag eine andere Farbe geben? In Spiegelschrift schreiben? Orkisch lernen? Willkommen in der Welt der Paradiesvögel, der seltsamen Käuze im Brokatmantel! Tania Kibermanis führt uns in das bizarre Paralleluniversum exzentrischer Zeitgenossen und in ihren eigenen schrägen Alltag abseits vom Strom. Sie schildert auf humorvolle Weise, wie anders das Leben durch eine weitaus buntere Brille aussieht und dass man das Terrarium seines Leguans nicht mit Designermöbeln ausstatten muss, um exzentrisch zu sein. Denn seien wir mal ehrlich: Wer hat eigentlich keinen Spleen?

224 Seiten

Weitere Informationen finden Sie unter www.rowohlt.de